Prospection archéologique de la vallée laotienne du fleuve Mékong

Volume I: Textes et Synthèses

Paul Raymaekers

BAR International Series 972 (I)
2001

Published in 2016 by
BAR Publishing, Oxford

BAR International Series 972 (I)

Prospection archéologique de la vallée laotienne du fleuve Mékong

ISBN 9781841712611 (Volume I) paperback
ISBN 9781841712628 (Volume II) paperback
ISBN 9781841712598 (Volume set) paperback
ISBN 9781407353234 (Volume set) e format
DOI https://doi.org/10.30861/9781841712598
A catalogue record for this book is available from the British Library

BAR Publishing is the trading name of British Archaeological Reports (Oxford) Ltd. British Archaeological Reports was first incorporated in 1974 to publish the BAR Series, International and British. In 1992 Hadrian Books Ltd became part of the BAR group. This volume was originally published by Archaeopress in conjunction with British Archaeological Reports (Oxford) Ltd / Hadrian Books Ltd, the Series principal publisher, in 2001. This present volume is published by BAR Publishing, 2016.

BAR

PUBLISHING

BAR titles are available from:
BAR Publishing
122 Banbury Rd, Oxford, OX2 7BP, UK
EMAIL info@barpublishing.com
PHONE +44 (0)1865 310431
FAX +44 (0)1865 316916
www.barpublishing.com

La présente étude est dédiée à l'ami Viengkèo Souksavatdy, courageux pionnier de l'archéologie de terrain de son Pays.

AVANT-PROPOS

PREALABLES

Depuis une quarantaine d'années, le «Bureau d'Etudes pour un Développement Harmonisé » (BEDH) s'est fixé, entre autres objectifs, la prospection archéologique de régions mal connues du Monde. Depuis 1956, il a œuvré en ce sens dans divers pays de l'Afrique centrale et occidentale, au Maghreb ensuite, et – plus récemment – au Laos où il a initié en 1997 la prospection archéologique de la vallée du Mékong.

Particulièrement intéressé par le « dernier âge de la Pierre » et par l'apparition de la métallurgie dans les régions concernées, ce Bureau d'Etudes avait clôturé en 1999 une recherche, étalée sur 12 ans, sur des sites du « Late Stone Age » et du « Fer » proches du haut-fleuve Comoé, fleuve subtropical traversant la Côte d'Ivoire. Au départ des constats ainsi effectués en Afrique occidentale, le BEDH ambitionnait la découverte et l'analyse du contexte préhistorique d'un autre fleuve subtropical, sis lui en Asie, ce qui autoriserait la mise en parallèle des conclusions de sa réflexion avec ce qui a été observé en Afrique subtropicale. C'est ainsi qu'est né le projet de prospection archéologique de la vallée du fleuve Mékong.

Néanmoins d'autres considérations, plus régionales mais tout aussi essentielles, ont également joué dans le choix de la vallée laotienne du Mékong :

1. La première, c'était de tenter de répondre à l'ignorance quasi totale prévalant chez les spécialistes quant au substrat pré- et proto-historique environnant ce fleuve de première grandeur. Cette ignorance se vit renforcée par les événements tout aussi tragiques que déterminants que constituèrent, en cette région, la deuxième guerre mondiale et celle du Vietnam.

2. La seconde considération, c'était de précéder la menace qui pèse sur l'archéologie de la région en question par la possible concrétisation de gigantesques projets d'aménagement industriel du fleuve Mékong à l'aide de barrages qui engloutiront à tout jamais les sites existant dans la vallée du fleuve. Nécessité impérative donc de réaliser sans retard une prospection archéologique rationnelle.

3. Une dernière considération – et non la moindre – était celle de répondre, autant que chose se peut, à la collecte et à la disparition insidieuse des documents archéologiques existant dans la vallée. Ce pillage est l'œuvre de nombreux trafiquants venus tant de l'intérieur que de l'extérieur du Pays, au service d'un tourisme international prédateur. Ici également, il y avait urgence.

PARTICIPANTS

La prospection archéologique de la vallée laotienne du Mékong a été conçue par Paul Raymaekers, Président du BEDH. Sur le terrain, la direction de la prospection était assumée conjointement par Paul Raymaekers et Viengkèo Souksavatdy, Directeur de la Section d'Archéologie du Ministère Lao de l'Information et de la Culture. Sur le bief Vientiane - Luang Prabang, ils étaient respectivement assistés par John Hobart, Licencié en Archéologie de l'Université d'Oxford (G.B.), plus particulièrement en charge des prises de vue photographiques et vidéos, et par Samlane Louang-Aphay, Licencié en Histoire de l'Université de Hanoi, en charge des informations toponymiques et historiques.

Sur le bief Luang Prabang - Tang O, ils étaient respectivement assistés par Klaas Vansteenhuyse, Licencié en Archéologie de l'Université de Leuven (B.), plus particulièrement en charge des prises de vue photographiques, et par Samlane Louang-Aphay, Licencié en Histoire de l'Université de Hanoi, toujours en charge des informations toponymiques et historiques.

Sur une partie du bief Vientiane – frontière cambodgienne, Phong Thammavong, journaliste au « Rénovateur », le journal en langue française de Vientiane, apporta son concours. Il en fut de même de Viengphone, Licencié en Muséologie de l'Université de Hanoi, lequel participa en outre aux compléments d'information réalisés au nord de Tang O, à proximité de la frontière chinoise.

L'Equipe scientifique était donc généralement composée de quatre membres.

La navigation fluviale et la vie à bord du bateau transportant l'Equipe de prospection, lors des Missions de 1998 et de 1999, étaient prises en charge par un équipage de cinq membres.

Sur le bief Vientiane – frontière cambodgienne, ainsi qu'à l'occasion des compléments d'information réalisés dans le nord, la Mission s'adjoignit le concours de chauffeurs, les déplacements se faisant par routes en véhicules tout terrain.

De nombreux collaborateurs bénévoles, tant officiels que privés, se sont manifestés tout au long de la prospection.

REMERCIEMENTS

L'organisation administrative officielle de la prospection fut réalisée par les Services du Ministère Lao de l'Information et de la Culture qui avisèrent, préalablement à l'exécution de la prospection, les entités administratives concernées.

Que les Personnalités ayant encouragé cette Mission – et je citerai plus particulièrement MM. Thongsa Sayavongkhamdy, Bounhom Chanthamat et Viengkèo Souksavatdy, Dirigeants du Département de l'Archéologie et des Musées au Ministère de l'Information et de la Culture à Vientiane – trouvent ici l'expression de mes remerciements.

Ma gratitude va également au Dr Michael O'Hanlon, Directeur du Pitt Rivers Museum d'Oxford, qui accepta le rôle de « referee » auprès de l'éditeur de la présente Etude.

Last but not least, je citerai en fin de ce premier volume tous ceux qui, à des titres divers, ont contribué à la préparation, souvent complexe de l'impression de la présente Etude.

SOMMAIRE DU VOLUME I

TEXTES ET SYNTHESES

Page

Le **VOLUME II** présente 1075 « notices » relatives aux artefacts observés au cours de cette prospection.

INTRODUCTION

Les observations effectuées lors de la Mission Exploratoire (1997), observations amplement confirmées lors des Missions de Prospection ultérieures (1998 - 1999 - 2000), ont clairement démontré que l'archéologie de la vallée laotienne du Mékong au nord et au sud de Vientiane s'avérait divergente : alors que de très nombreux artefacts s'échelonnant entre la période préhistorique et la période historique s'observent au nord de Vientiane, rarissimes sont ceux que l'on peut observer au sud, dans la vallée du Mékong. Ce constat a motivé la présentation de l'étude en deux parties :

1. La vallée laotienne du Mékong entre Vientiane et la frontière chinoise.

2. La vallée laotienne du Mékong entre Vientiane et la frontière cambodgienne.

Une carte du Laos figure en Annexe 1.

1. LA VALLEE LAOTIENNE DU MEKONG ENTRE VIENTIANE ET LA FRONTIERE CHINOISE

Issu des hauts plateaux du Tibet oriental, le fleuve Mékong (= « Mère des eaux » en Lao) après un parcours de 4.200 kilomètres se jette, en un immense delta, dans la mer de Chine méridionale. Son parcours au Laos est de 1.865 kilomètres, dont environ 1.000 kilomètres s'échelonnent entre Vientiane et la Chine.

Près de 850 kilomètres du cours laotien du fleuve au nord de Vientiane ont été parcourus par la Mission de Prospection, tant à la montée qu'à la descente. Le bief Vientiane – Luang Prabang sera même parcouru à deux reprises, également tant à la montée qu'à la descente du fleuve.

Sur le solde de 150 kilomètres demeurant au nord, fait de « rapides » aux récifs extrêmement dangereux, une centaine ont pu être parcourus à l'aide de « speedboats ».

Le bief Vientiane – frontière chinoise est des plus variés : le fleuve y est tantôt tumultueux, tantôt assagi ; il y connaît de notables et fort rapides variations de niveau et de débit qui rendent la navigation éminemment complexe... d'où les rituels nombreux des bateliers offrant aux génies des eaux encens, alcool de riz et riz gluant ...

La rive gauche – totalement laotienne sur le parcours considéré – est nettement plus abrupte et de nature moins hospitalière que la rive droite aux reliefs plus paisibles et assez largement occupée par la Thaïlande et le Myanmar (ex Birmanie). Si le poisson se raréfie, suite à une pêche souvent trop intensive, les alluvions boueuses charriées par le fleuve engendrent sur ses rives riz et légumes en abondance. Des dépôts sableux encouragent çà et là la recherche de l'or, aux fruits incertains.

La population vivant sur les rives concernées se répartit en fait en deux groupes principaux : les gens de la Vallée et les Montagnards.

Ces deux groupes sont eux-mêmes composés de très nombreux sous-groupes aux origines les plus diverses, résidant en localités souvent « mixtes » ainsi créées par le cours de l'Histoire, y incluse l'Histoire récente faite de bombardements aériens, de réfugiés innombrables, de villages sans habitants et d'habitants sans villages, de regroupements et autres brassages de cultures et de traditions.

Le paysage humain n'est pas seulement varié, il est également contrasté : près des milieux urbanisés et des frontières des pays limitrophes (Thaïlande, Myanmar), le modernisme envahissant marque de son empreinte déculturante une population de plus en plus entraînée dans un matérialisme omniprésent ponctué de « speedboats » et de tohubohu électroniques.

Dans les régions plus retirées, une vie traditionnelle largement autarcique se perpétue, préservant des valeurs culturelles séculaires aux mains de petits groupes souvent isolés, suite aux guerres récentes, de leurs noyaux sociaux originels.
Tout cela s'avère très fragile, telles des bulles dont la durée d'expression est comptée, malgré les efforts des Dirigeants du Pays. Pour combien de temps encore, avant de perdre son âme. On a le droit d'être inquiet.

2. LA VALLEE LAOTIENNE DU MEKONG ENTRE VIENTIANE ET LA FRONTIERE CAMBODGIENNE

Le bief Vientiane – frontière cambodgienne (865 kilomètres) traverse une région au relief nettement moins tourmenté que celui connu au nord. Il faut aller jusqu'à la zone frontalière avec le Vietnam pour retrouver une chaîne de montagnes, la chaîne annamitique, assez élevée (1200 m d'altitude), ce qui n'exclut pas d'autres montagnes et de hauts plateaux, tel celui des Bolovens à proximité du Cambodge. A l'est de Vientiane et plus encore au sud de Savannakhet, la navigation se raréfie sur le fleuve, vu la concurrence d'une route nord – sud de mieux en mieux aménagée, élément de l'axe routier joignant la Chine au Cambodge.
Non loin des «quatre milles îles » (Si Phan Done) proches du Cambodge, la navigation est rendue totalement impraticable, suite aux chutes majestueuses et aux rapides infranchissables.

La colonisation française particulièrement active dans cette région dès la fin du 19e siècle, la frontière avec la Thaïlande que constitue le Mékong entre Vientiane et la région de Paksé, les guerres nombreuses, sans oublier les plus récentes, ont fait que cette région « sud » s'est vue beaucoup plus travaillée par le modernisme et ses séquelles que la région « nord ». Il s'en est suivi une déperdition culturelle fort importante dont pâtit notamment l'archéologie de la région considérée.

METHODOLOGIE

La participation des populations, dans une prospection archéologique extensive et forcément rapide, s'avère généralement des plus efficaces.
Diverses conditions – non limitatives – se doivent cependant d'être remplies :

- Adhésion libre et volontaire des populations,
- Populations résidant depuis longtemps dans la zone de prospection concernée,
- Adaptation de l'Equipe de prospection à une telle recherche,
- Méthodologie technique fiable pour l'étude, sur place, des documents archéologiques présentés,
- Recommandations aux populations pour la sauvegarde des documents en question, appartenant au patrimoine culturel de leur Pays.

A. Concrètement, la prospection archéologique du bief Vientiane – Tang O de la vallée laotienne du Mékong a pris les formes suivantes:

01.Location d'une péniche fluviale à moteur, de grande dimension (33 mètres de longueur), autorisant outre le déplacement, le logement des participants, leurs repas à bord, un espace « bureau » permettant la mise en ordre des dossiers de prospection. Cette péniche fluviale disposait également d'une pirogue à moteur facilitant la visite de localités inaccessibles à l'embarcation principale.

02. Se basant sur la lecture des Cartes topographiques officielles (Echelle du 1/100.000e), visite de toutes les localités offrant un potentiel archéologique sur le bief concerné.

03. Présentation aux Autorités villageoises des documents officiels autorisant la prospection en question. Les Autorités provinciales avaient été averties par écrit préalablement à la mise en route de la prospection.

04. Appel aux villageois en possession de documents archéologiques.

05. Présentation par des villageois de documents archéologiques en leur possession. La « Mission Exploratoire (1997) » avait rapidement mis en évidence l'efficacité de la Méthodologie en question : un très grand nombre de villageois, riverains du Mékong, ont en effet l'habitude de conserver dans leurs «coffres de trésors familiaux » des objets pré- et protohistoriques auxquels ils attribuent une valeur de talisman intéressant le plus souvent leur protection et leur prospérité.

06. Etude sur place des documents en question, et rédaction d'un dossier détaillé relatif à chaque document (Annexe 2).

07. Remise au propriétaire villageois d'une «Attestation officielle » (Annexe 4) confirmant que le document archéologique présenté a été examiné par la Mission de Prospection et qu'il en est le conservateur.
En certains cas cependant, mais sans coercition, les dirigeants de la Mission ont suggéré au détenteur villageois une vente en faveur du Musée National de Vientiane. Ces cas ont été exceptionnels - 42 cas sur 1.022 documents archéologiques examinés (soit 4,1%) - et ne concernaient que des objets ayant une valeur muséologique.
En conclusion, remise d'un petit cadeau, «pour l'idée », au propriétaire villageois (souvent une personne âgée) sous forme d'une boisson non alcoolisée ou d'un peu de vivres achetés à l'échoppe même du village visité.

08. Parallèlement au travail d'étude des documents archéologiques, un membre de la Mission recueillait auprès des notables villageois des données sur la toponymie et l'histoire de la localité visitée (Annexe 3).

09. De retour à bord du bateau, mise en ordre des dossiers venant d'être établis, et préparation de l'escale suivante.

La prospection archéologique du bief Tang O – frontière chinoise de la vallée laotienne du Mékong (visite de 10 villages) fut réalisée à l'aide de « speedboats », les participants étant acheminés dans la région par véhicules, depuis Vientiane.

B. La prospection archéologique du bief Vientiane – frontière cambodgienne s'effectua depuis Vientiane à l'aide de deux véhicules tout terrain, utilisant le plus souvent les pistes transversales de l'axe routier Vientiane – frontière du Cambodge. Vu le caractère marginal de ce bief et la réduction du personnel à quatre membres, les procédures de recherche non essentielles se virent allégées.

C. Un exemplaire de tous les dossiers et de toutes les photographies a été remis, en fin de mission, à la Direction de l'Archéologie du Ministère Lao de l'Information et de la Culture. Un autre exemplaire des mêmes documents a été remis au Bureau d'Etudes, initiateur de la prospection, pour y être traité.

Un *Rapport Administratif* fut établi dans les six mois suivant chaque Mission, tandis qu'un *Rapport Préliminaire* se voyait établi dans les douze mois suivant la Mission. La présente Etude constitue le *Rapport final* des Missions précitées, relatives à la prospection archéologique de la vallée laotienne du fleuve Mékong entre la frontière chinoise et la frontière cambodgienne.

DONNEES DE LA PROSPECTION

A. DE VIENTIANE A LA FRONTIERE CHINOISE

I. LE MILIEU HUMAIN CONTEMPORAIN

1. Aperçus sur la toponymie et l'histoire des villages

Note préliminaire

Le total initial de 227 localités recensées, sur le cours du Mékong entre Vientiane et la frontière chinoise, et reprises sur la Carte au 1/100.000e du Service Géographique d'Etat du Laos, s'est avéré inexact à l'épreuve du terrain. La totalité des localités existantes en territoire laotien sur le bief concerné s'élevait en réalité à 238, au moment de l'enquête.

De ces 238 localités, 58 ont été exclues pour les raisons suivantes :

52 sans grand intérêt sur le plan archéologique, car trop proches des milieux urbains modernistes
3 visitées, mais où aucun habitant n'a pu être consulté
3 inaccessibles suite aux dangers présentés par les «Rapides» du fleuve

Bref, sur un total réel de 238 localités, 180 furent effectivement visitées :

5 lors de l'Enquête exploratoire (1997)
75 entre Vientiane et Luang Prabang (1998)
90 entre Luang Prabang et Tang O (1999)
10 Entre Tang O et la frontière chinoise (2000)

Dès à présent, il s'indique de signaler que sur ces 180 localités offrant un potentiel archéologique, 144 donneront un résultat positif, soit un taux de 80%. Certes une telle approche n'offre pas la rigueur d'une enquête statistique classique, mais elle peut cependant être reçue comme offrant des garanties de représentativité acceptables dans le cas d'une prospection extensive, laquelle s'inscrit dans notre propos.

Des informations, très marginales et souvent non vérifiées, ont été récoltées sur la toponymie et l'histoire des localités de la vallée laotienne du Mékong entre Vientiane et la frontière chinoise. Bien que de qualités inégales, elle sont rapportées ici dans le souci d'amorcer des recherches ultérieures en ce domaine. Les localités sont présentées dans le sens géographique Sud - Nord caractérisant le bief Vientiane - frontière chinoise.

A cette esquisse a été ajouté un très bref signalement sur les données archéologiques constatées dans les localités visitées. Ces données archéologiques sont illustrées dans le Volume II de la présente étude.

Le signalement s'explique comme suit :

PREHISTOIRE : *Période chronologique de la vie de l'humanité depuis l'apparition de l'homme jusqu'à celle de l'écriture .*
Cette période coïncide essentiellement, dans la région considérée, avec l'Age de la Pierre, ce qui n'exclut pas à priori que des outils lithiques aient pu être taillés et utilisés lors des périodes ultérieures. Pour des raisons d'ordre pratique, justifiées dans un travail de prospection, la Préhistoire coïncidera donc ici avec l'Age de la Pierre, signifié principalement dans la région concernée par un nombre remarquable d'outils lithiques.

PROTOHISTOIRE : *Période chronologique intermédiaire entre la préhistoire et l'histoire, correspondant à l'existence de documents écrits rares ou indirects sur l'histoire des sociétés.*
Cette définition du Larousse sera amendée par celle mieux adaptée à la région concernée, avancée par le Dictionnaire de la Préhistoire de l'Encyclopaedia Universalis (p. 954).
Cette définition précise que *la Protohistoire n'est pas une simple époque de transition entre la préhistoire et l'histoire, mais une phase originale de l'évolution humaine qui voit en particulier la découverte et le développement de la métallurgie : cuivre, bronze et fer.*
La Protohistoire coïncidera ici avec l'Age du Bronze représenté principalement dans la région concernée par l'existence de nombreuses hachettes confectionnées en ce métal.

PERIODE HISTORIQUE : *Elle débute avec les écrits qui sont l'apanage quasi absolu du patrimoine religieux Bouddhique.*
Sur le terrain, les expressions de cette période sont multiples : pipes très nombreuses, balances et poids à peser, couteaux et sabres d'apparat, tampons de teinturiers, monnaies et lingots,...

TABLEAU I – LOCALITES VISITEES ENTRE VIENTIANE ET LUANG PRABANG

NUMERO	RIVE	LOCALITE	DISTRICT	PROVINCE
	G	VIENTIANE	VIENTIANE	VIIENTIANE
01	G	KENGMO	VIENTIANE	VIENTIANE
02	G	PAKTON	VIENTIANE	VIENTIANE
03	G	KHOKHE	VIENTIANE	VIENTIANE
04	G	HOUAYLA	VIENTIANE	VIENTIANE
05	G	HOUAYCHANH	VIENTIANE	VIENTIANE
06	G	KHOKMEUAT	SANAKHAM	VIENTIANE
07	G	NAMHI	SANAKHAM	VIENTIANE
08	G	VANG	SANAKHAM	VIENTIANE
09	G	PAKSAO	SANAKHAM	VIENTIANE
10	G	PAKMI	SANAKHAM	VIENTIANE
-	G	SANAKHAM	SANAKHAM	VIENTIANE
11	G	NAPHAPA	SANAKHAM	VIENTIANE
12	G	TAKDET	SANAKHAM	VIENTIANE
13	G	PAKPHANG	SANAKHAM	VIENTIANE
14	G	PHALAT	SANAKHAM	VIENTIANE
15	G	VEUNGKIO	SANAKHAM	VIENTIANE
16	G	DONSOK	SANAKHAM	VIENTIANE
17	D	DONMEN	KENTHAO	XAIGNABOULI
18	D	KHE	KENTHAO	XAIGNABOULI
19	G	DONPHOUNG	SANAKHAM	VIENTIANE
20	D	NAKHAM	KENTHAO	XAIGNABOULI
21	D	DONSANG	KENTHAO	XAIGNABOULI
22	D	BOUNGMA	PAKLAY	XAIGNABOULI
23	D	KENGSAO	PAKLAY	XAIGNABOULI
24	G	HOUAYTAO	SANAKHAM	VIENTIANE
25	D	NAMSAK	PAKLAY	XAIGNABOULI
26	G	KHOKHAODO	SANAKHAM	VIENTIANE
-	D	PAKLAY	PAKLAY	XAIGNABOULI
27	D	HOUALAYNOY	PAKLAY	XAIGNABOULI
28	G	KHOKNGIOU	SANAKHAM	VIENTIANE
29	D	NAMXONG	PAKLAY	XAIGNABOULI
30	G	HOUAYKHAGNENG	SANAKHAM	VIENTIANE
31	D	KHE	PAKLAY	XAIGNABOULI
32	D	DONLUNG	PAKLAY	XAIGNABOULI
33	D	SAMMUN	PAKLAY	XAIGNABOULI
34	D	MUANG	PAKLAY	XAIGNABOULI
35	D	NAPHOK	PAKLAY	XAIGNABOULI
36	D	NONGLOUP	PAKLAY	XAIGNABOULI
37	D	PHALIAP	PAKLAY	XAIGNABOULI
-	ILE	DON HON	PAKLAY	XAIGNABOULI
38	D	BANHANG	PAKLAY	XAIGNABOULI
39	D	NONGKAI	PAKLAY	XAIGNABOULI
40	D	PAKTHUNG	PAKLAY	XAIGNABOULI

NUMERO	RIVE	LOCALITE	DISTRICT	PROVINCE
41	G	PAKNAN	MUANGMET	VIENTIANE
42	G	PAKMET	MUANGMET	VIENTIANE
43	D	KHOKAKHA	XAIGNABOULI	XAIGNABOULI
44	D	PAKPOUY	XAIGNABOULI	XAIGNABOULI
45	D	KHOKFAK	XAIGNABOULI	XAIGNABOULI
46	D	HOUAYKHOUALUANG	XAIGNABOULI	XAIGNABOULI
47	G	PAKBO	NAN	LUANG PRABANG
48	G	PAKPA	NAN	LUANG PRABANG
49	D	PAKHOUNG	XAIGNABOULI	XAIGNABOULI
50	G	KHOKFAN	NAN	LUANG PRABANG
51	G	KHONTIOU	XAIGNABOULI	XAIGNABOULI
52	D	HOUAYSOUY	XAIGNABOULI	XAIGNABOULI
53	G	PAKNEUN	NAN	LUANG PRABANG
54	G	HOUAYHIP	NAN	LUANG PRABANG
55	D	TALAN	XAIGNABOULI	XAIGNABOULI
56	G	PAKLAN	NAN	LUANG PRABANG
57	D	THADUA	XAIGNABOULI	XAIGNABOULI
58	G	PAKHON	NAN	LUANG PRABANG
59	D	PAKPHAI	XAIGNABOULI	XAIGNABOULI
60	D	PAKPA	XAIGNABOULI	XAIGNABOULI
61	G	PAKGNAN	NAN	LUANG PRABANG
62	D	HATXOK	NAN	LUANG PRABANG
63	G	KHOKTOM	NAN	LUANG PRABANG
64	G	KHOKXAY	NAN	LUANG PRABANG
65	G	HOUAYKHUA	XAIGNABOULI	XAIGNABOULI
66	D	PAKHAO	XAIGNABOULI	XAIGNABOULI
67	G	KHOLE	NAN	LUANG PRABANG
68	D	HATKEO	XAIGNABOULI	XAIGNABOULI
69	G	KHOKGNA	LUANG PRABANG	LUANG PRABANG
70	G	PAKHANG	CHOMPHET	LUANG PRABANG
71	G	NONGXAY	LUANG PRABANG	LUANG PRABANG
72	G	PAKPHO	LUANG PRABANG	LUANG PRABANG
73	G	SENKHALOK	LUANG PRABANG	LUANG PRABANG
74	D	XONGNUA	CHOMPHET	LUANG PRABANG
75	G	KHOKMAN	LUANG PRABANG	LUANG PRABANG
76	G	OU	LUANG PRABANG	LUANG PRABANG
77	G	MUANGKAY	LUANG PRABANG	LUANG PRABANG
78	G	THINXOM	LUANG PRABANG	LUANG PRABANG
79	D	SALUAN	CHOMPHET	LUANG PRABANG
80	D	PAKLUNG	CHOMPET	LUANG PRABANG
-	G	LUANG PRABANG	LUANG PRABANG	LUANG PRABANG

NOTE :

En face de Vientiane et ce jusqu'à Phalat (14), la rive droite du Mékong est thaïlandaise.

a. De Vientiane à Luang Prabang

Le **TABLEAU I** détaille les localités visitées entre Vientiane et Luang Prabang

VIENTIANE

. Voir Ministère de l'Information et de la Culture, Département des Musées et de l'Archéologie

. Voir Musée National Lao, Section d'Archéologie

01. KENGMO

. Toponymie : Keng = Rapides (de l'eau tumultueuse d'une rivière)
Mo = ?

. Archéologie : La population y connaît les outils préhistoriques qu'elle affirme trouver de temps à autre dans les champs proches du village.
Aucun outil n'a cependant été présenté.

02. PAKTON

. Toponymie : Pak = Confluent
Ton = ? (nom de la rivière du village)

03. KHOKHE

. Toponymie : Khok = Crique
He = ?

. Archéologie : Préhistoire

04. HOUAYLA

. Toponymie : Houay = Rivière
La = ?

. Archéologie : Préhistoire

05. HOUAYCHANH

. Toponymie : Houay = Rivière
Chanh = ?

. Histoire : Suite à la guerre, ce village fut abandonné. En 1988, il sera réoccupé par des Montagnards.

. Archéologie : Préhistoire
Protohistoire

06. KHOKMEUAT

. Toponymie : Khok = Crique
Meuat = Sorte d'arbre

. Histoire : Le village actuel fut fondé après la guerre, en 1988, par des gens venus de Luang Prabang et de Vientiane. Deux ethnies : Lao Loum (=Lao de la Vallée) et Lao Theung (= Lao venus des montagnes « moyennes » par opposition aux Meo des montagnes « élevées », souvent dénommés péjorativement Kha.

. Archéologie : Préhistoire
Protohistoire

07. NAMHI

. Toponymie : Nam = Rivière
Hi = ? (nom de la rivière du village)

. Histoire : Le village aurait été fondé il y a 150 ans par des Lao de la Vallée.

. Archéologie : Préhistoire
Protohistoire

08. VANG

. Toponymie : Vang = Sorte de crique

. Histoire : C'est un point d'escale pour les bateliers du Mékong. Il y a deux Rapides dangereux vers Vientiane, et les gens font relâche avant de s'y aventurer.

. Archéologie : Protohistoire
Période historique

09. PAKSAO

. Toponymie : Pak = Confluent
Sao = ? (nom de la rivière qui vient de la falaise Pha Sao)

. Histoire : En 1989, ce village fut re(fondé) par des gens venues de Luang Prabang et de Kham-Mouan (anciens militaires) ; il occupe le site d'un ancien village.

. Archéologie : Protohistoire

10. PAKMI

. Toponymie : Pak = Confluent
Mi = Arbre appelé « Jaquier » (donnant les fruits « jaques »)

. Histoire : A l'origine, le village était situé à la source de la rivière Mi. Les villageois sont des Lao de la Vallée.
En 1998 : 226 maisons - 1398 habitants.

M. SANAKHAM

. Toponymie : Muang = Ville
Sana = Victoire, conquête
Sonkahm = Guerre
= (Ville de la Victoire, par la guerre)

. Histoire : En 1476, un Roi qui avait 10 fils et 7 filles a gagné la guerre contre les Vietnamiens. Il s'appelait le Roi Saychakaphatphenphed.

Un de ses fils ayant gagné la guerre à l'embouchure de Pak Namphoun, les guerriers célébrèrent la victoire à cet endroit, proche de la ville actuelle.

. Archéologie: Voir Service de l'Information et de la Culture.
(Intéressante collection d'objets archéologiques saisis par ce Service chez des brocanteurs effectuant des récoltes illicites)

11. NAPHAPA

. Toponymie : Na = Champ
Phapa = ?
. Archéologie: Préhistoire

12. TAKDET

Pour mémoire

13. PAKPHANG

. Toponymie : Pak = Confluent
Phang = ? (nom de la rivière du village)
. Histoire : On ignore tout quant à l'origine du village.
En 1998 : 585 maisons (580 de Lao de la Vallée + 5 de Montagnards).
. Archéologie: Préhistoire
Protohistoire
Période historique

14. PHALAT

. Toponymie : Pha Lat = Faux pas (On raconte qu'à l'époque d'origine du village, un moine y avait fait un « faux pas »).
Mais Pha Lat signifie aussi «Falaise Lat (?) ».
. Histoire : En 1998 : 85 maisons - 426 habitants (Lao de la Vallée)
. Archéologie: Protohistoire

15. VEUNGKIO

Pour mémoire

16. DONSOK

. Toponymie : Don = Ile
Sok = Bonne chance
(= Ile de la bonne chance. Cette île est située en face du village.)
. Histoire : En 1998 : 22 maisons. Les villageois sont tous Lao de la Vallée.

17. DONMEN

. Toponymie : Don = Ile
Men = (des mauvaises odeurs)
(= Les rebuts des grands poissons-chats pêchés par la population étaient déposés sur l'île en face du village et sentaient très mauvais.)
Les gens tendent à rejeter cette appellation qu'ils jugent péjorative en dénommant leur village Don Min ; Min n'aurait pas de signification précise, bien que certains villageois disent que ce serait le nom d'une rivière qui se jette dans le Mékong à proximité de l'île susdite.
. Histoire : Les habitants se disent Lao de la Vallée.
En 1998 : 173 maisons - 850 habitants
. Archéologie: Préhistoire

18. KHE

. Toponymie : Khe = Sorte d'arbre aux fruits comestibles
C'est le nom de la rivière du village.
A l'origine, le village s'appelait Don Hang (=Ile de la queue ?) ; il prit ensuite le nom de NaKhe (=Village du champ près des arbres Khe)
. Archéologie: Prehistoire
Période historique

19. DONPHOUNG

. Toponymie : Don = Ile
Phoung = Estomac
Il s'agissait de l'estomac et des débris des poissons-chats. Les pêcheurs se débarrassaient des débris des poissons sur l'île
. Histoire : On ignore la date de fondation du village.
Les habitants se disent Lao de la Vallée.
En 1998 : 98 maisons.
. Archéologie: Préhistoire
Protohistoire

20. NAKHAM

. Toponymie : Na Kham = Champ de l'or
Près de la rivière Na Kham où un cultivateur ayant fait son champ aurait trouvé de l'or (Allusion à l'orpaillage).
Autre version : Khalam= A la diète ; en fait = Interdit aux étrangers.
A l'origine, ce village ne connaissait pas la prospérité. D'où la seconde version du nom « Khalam » (= à la diète), déformée ensuite en Na Kham.
. Histoire : Le fondateur du village s'appelait Sen, lequel déménagea de Phoung pour créer Nakham, il y a près de 150 ans.
. Archéologie: Préhistoire
Protohistoire

21. DONSANG

. **Toponymie** : Don = Ile
Sang = Etymologiquement signifie «donner un signal », mais dans le présent cas = signification inconnue.
Certains villageois disent que cela signifierait « Ile des garçons » par opposition à « Ile des filles » (?).
. **Histoire** : Les gens se disent Lao de la Vallée. Le village comptait 49 maisons en 1998.
. **Archéologie**: Protohistoire
Période historique

22. BOUNGMA

. **Toponymie** : Boung = Chenal
Ma = Trempé
(= Chenal d'eau)
(= Dans le passé, beaucoup de gens venaient pêcher et n'avaient pas suffisamment de récipients pour tremper le riz : ils le trempaient dans le chenal.)
. **Histoire** : Les premiers habitants venaient de Paklay, voici trois générations.
En 1998 : 200 maisons (Lao de la Vallée)
. **Archéologie**: Préhistoire
Protohistoire

23. KENGSAO

. **Toponymie** : Keng = Rapides (de l'eau d'une rivière)
Sao = Jeune fille
(= Près des rapides (du fleuve), il y avait une île où les garçons et les filles jouaient à cache-cache. Des garçons auraient caché une jeune fille dans l'île.)
A l'origine, le nom était Nam Pakman (du nom d'une rivière); de Man (= femme enceinte). En ce qui concerne le nom de la rivière Nam Pakman, l'on dit qu'un chasseur avait demandé à une femme enceinte qu'il avait rencontré des informations sur un buffle qu'il poursuivait. La femme l'ayant bien renseigné, il retrouva son buffle. On a donné le nom « femme enceinte » à la rivière pour honorer l'informatrice.
. **Histoire** : Le village daterait de quatre générations. Les villageois se disent Lao de la Vallée. Il y a 103 maisons en 1998. Les villageois venaient de Paklay. En 1978, le nom Kengsao est admis par les Services de l'Administration.
. **Archéologie**: Protohistoire

24. HOUAYTAO

. **Toponymie** : Houay = Rivière
Tao = Tortue
. **Histoire** : Les gens sont venues de Paklay. A l'origine, ils venaient faire des jardins de saison sèche, puis sont demeurés en permanence. Cela a débuté, il y a trois générations.
En 1998, il y avait 97 maisons et 652 habitants se disant Lao de la Vallée.
. **Archéologie**: Préhistoire

25. NAMSAK

. **Toponymie** : Nam = Rivière
Sak = Teck (arbre)
. **Histoire** : Les gens sont venues de Paklay, il y a deux générations.
Le village comptait 109 maisons et 727 habitants (très mélangés) en 1998. Le village a subi deux graves incendies: en 1979, perte de 4 maisons ; et en 1984, perte de 22 maisons.
. **Archéologie**: Préhistoire
Protohistoire
Période historique

26. KHOKHAODO

. **Toponymie** : Khok = Crique
Khaodo = Riz précoce
Un jour, un habitant transportant du riz précoce dans son canot fait naufrage à cet endroit. D'où le nom de la crique.
. **Histoire** : Il y a quatre générations des gens de Paklay ont fondé le village.
En 1998, il y a 160 maisons. Majorité de Lao de la Vallée et 5 Montagnards.
. **Archéologie**: Préhistoire

PAKLAY : Voir Service de l'Information et de la Culture (Intéressants objets en provenance de Don Hon)

27. HOUALAYNOY

. **Toponymie** : Houa = Houay = Rivière
Lay = Salive
Noy = ?
Un chasseur poursuit un cerf en or. La salive du cerf aux abois tombe dans la rivière.
. **Histoire** : Le village a été fondé il y a trois générations. Les habitants sont venus d'un peu partout.
En 1998, l'on dénombrait 104 maisons et 610 habitants.
. **Archéologie**: Préhistoire
Protohistoire

28. KHOKNGIOU

. **Toponymie** : Khok = Crique
Ngiou = Arbre Kapokier
. **Histoire** : Population venant de Nam Xong (Lao de la Vallée) en 1940 suite à des événements dûs à la guerre.

En 1998, le village comptait 85 maisons et 510 habitants.

. Archéologie : Préhistoire
Protohistoire

29. NAMXONG

. Toponymie : Nam = Rivière
Xong = Courbe (ici, du Fleuve).

. Histoire : Le fondateur s'appelait Loan et était chasseur. Ce sont des Lao de la Vallée venus de Muang Va (à l'intérieur du pays).
Au début, ils venaient temporairement pour la culture et la pêche ; puis, ils se sont fixés pour de bon. Le village d'origine était situé plus au Nord et s'appelait Nong Samkha.
En 1998, 390 maisons.

. Archéologie : Protohistoire

30. HOUAYKHAGNENG

. Toponymie : Houay = Rivière
Khagneng = veut dire « Contemplez les trésors d'un ermite cachés dans la rivière. Personne ne peut cependant les toucher.»

. Histoire : Le village a été fondé il y a deux générations. En 1998, il comptait 52 maisons et 319 habitants se disant Lao de la Vallée.

. Archéologie : Préhistoire
Protohistoire
Période historique

31. KHE

. Toponymie : Khe = Sorte d'arbre aux fruits comestibles

. Histoire : Le village a été fondé il y a deux générations. Les gens venaient de Muang (34).

. Archéologie : Préhistoire
Protohistoire

32. DONLUNG

. Toponymie : Don = Ile
Lung = ? (sans signification connue).

. Histoire : La population est venue de Muang (34), voici 150 ans (?). Le fondateur du village s'appelait Xieng Champa, devenu Senpo Lot lors de sa nomination de Chef de village.
Actuellement le village compte 125 maisons et 960 habitants. Les habitants sont des Lao de la Vallée.

. Archéologie : Préhistoire
Protohistoire

33. SAMMUN

. Toponymie : Sammun = trois fois 10.000 (?).
On ne connaît pas la signification.

. Histoire : La localité a été créée voici 3 générations.
En 1998 : 5 maisons.

34. MUANG

. Toponymie : Muang = Manguier
Il y avait des manguiers à cette place.

. Histoire : Les premiers habitants venaient de Khe. Un des fondateurs s'appelait Xaphonh. Il y a deux générations que le village s'est établi.
En 1998, le village comptait 168 maisons et 1221 habitants.

. Archéologie : Préhistoire
Période historique

35. NAPHOK

. Toponymie : Na = Champ
Phok = Révélation

. Histoire : Le village aurait été fondé vers 1920.
Il compte 34 maisons et 240 habitants en 1998, ainsi qu'un monastère.

. Archéologie : Période historique

36. NONGLOUP

. Toponymie : Nong = Mare
Loup = Creux
(= trou de la mare)

. Histoire : C'est un campement temporaire des gens de Muang (34).
En 1998, 10 maisons.

. Archéologie : Période historique

37. PHALIAP (Muangliap)

. Toponymie : Du nom de la falaise (Pha) et Liap = tout au bord de la rivière. Le nom Phaliap prédomine actuellement. Dans le passé, on dénommait la localité Muang (= Ville) Liap.

. Histoire : Les gens racontent que dans le passé, il n'y avait pas de Chef. On avait fait appel à un candidat qui, s'il sautait du haut de la falaise, serait intronisé. Mais aucun candidat ne se présenta.
Un jour, par hasard, un vieux chasseur d'oiseaux ayant escaladé le rocher, fut gêné par son couteau et tomba dans le Mékong. Il fut nommé Chef. En plus, c'était un vieux Kha. Depuis des immigrants venant d'un peu partout se sont installés à Phaliap. La fondation remonte à environ trois générations.

. Archéologie : Préhistoire
Protohistoire

ILE DE DON HON

Site remarquable. Voir le Service de l'Information et de la Culture à Paklay.

. Archéologie : Préhistoire
Protohistoire
Période historique

38. BANHANG

. **Toponymie** : Ban = Village
Hang = Ancien, disparu.
Un ancien village repris sur la Carte officielle et occupé par un modeste campement a été visité. Le nom s'explique ainsi : Un village existait ici autrefois. Il s'appelait Thong Xang (=Ventre de l'éléphant) ; l'appellation résultait du fait que des éléphants venaient se nourrir à cet endroit.

. **Histoire** : « La place manquait ici pour cultiver. Souvent les gens tombaient malades, aussi les villageois ont-ils déménagé dans un autre village, et n'ont laissé ici qu'un campement temporaire. »

39. NONGKAI

. **Toponymie** : Nong = Mare
Kai = Plante grimpante sur les rochers

. **Histoire** : La population d'origine est venue de Pakpou (District de Mouang Met, Province de Vientiane). Il y aurait eu 10 familles d'agriculteurs (Lao de la Vallée) au début. Le fondateur s'appelait Sinouan. L'origine remonte à près de 200 ans.
En 1998 : 65 maisons et 430 habitants.

. **Archéologie** : Préhistoire
Protohistoire
Période historique

40. PAKTHUNG

. **Toponymie** : Pak = Confluent
Pha = Falaise
Thong = Plante avec de larges feuilles (Nom de la rivière). (Pourrait aussi venir de Khoung = endroit resserré pour la navigation.)

. **Histoire** : L'ancien hameau, du nom de Samphay (au sud du village) a été absorbé par l'actuel village. La population viendrait de Pakpou (District de Muang Met, province de Vientiane) via Nongkhai. Les fondateurs sont Sondi, Thao, Phia et Lasa. Le village aurait été fondé il y a trois générations. On raconte aussi quant à la fondation du village qu'une famille riche avait trois filles non mariées dont les prétendants devaient offrir chacun un poisson-chat, ce qui fut fait. Leur union assura le développement du village.
En 1998 : 106 maisons (Lao de la Vallée).

. **Archéologie** : Préhistoire
Protohistoire

41. PAKNAN

. **Toponymie** : Pak = Confluent
Nan = ? (nom de la rivière)

. **Histoire** : Seraient venus de l'intérieur du pays vers 1965. Mélange de Lao de la Vallée et de Montagnards.
En 1998 : 14 maisons.

. **Archéologie** : Période historique

42. PAKMET

. **Toponymie** : Pak = Confluent
Met = ?
Le nom actuel serait HouayKhiet (= Rivière de la crotte de rhinocéros : En chassant, le chasseur n'aurait trouvé qu'une crotte de rhinocéros.)

. **Histoire** : L'ancien village se trouvait à l'origine au confluent de HouayMet, puis fut transféré sur l'autre rivière HouayKhiet.
Sous l'effet des guerres et des contrôles de l'Etat, la population est très diversifiée (2 familles de Lao de la Vallée et le reste sont des Montagnards). Fondé vers 1980.
En 1998 : 47 familles et 270 habitants.

43. KHOKAKHA (devenu Na Khonken)

. **Toponymie** : Khok = Crique
(K)Akha = Ouvrant ses jambes
Affaire de couple : L'homme dit à sa femme d'ouvrir ses jambes pour qu'elle prenne le poisson avec sa robe ; l'homme va plus haut dans la rivière pour chasser les poissons avec son phallus. Ensuite la robe pleine de poissons a été jetée plus loin; le phallus de l'homme, plein d'épines, a engendré des troncs d'arbre (Histoire à mettre en corrélation avec les mythes de fécondité).
Na Khonken = Champ de troncs d'arbres après les brulis.

. **Histoire** : Le village a été fondé il y a plus d'un siècle par Kham. A l'origine, ils étaient 5 familles et vivaient en face sur l'autre rive du Fleuve. En 1998, le village comptait 52 maisons et 295 habitants. Ils seraient venus à l'origine de Pak Phan (Vientiane). Ils se disent Lao de la Vallée, sauf 3 familles de Montagnards. C'est spécifiquement une population de pêcheurs.

. **Archéologie** : Préhistoire
Période historique

44. PAKPOUY

. **Toponymie** : Pak = Embouchure, confluent
Pouy = ? (Nom de la rivière)

. **Histoire** : Le fondateur s'appelait Vanh. A l'origine, trois familles d'agriculteurs – éleveurs. Vers 1977/1979, le village se complète.
En 1998 : 28 maisons et 145 habitants venus d'un peu partout (Lao de la Vallée et Montagnards).

. **Archéologie** : Préhistoire
Protohistoire
Période historique

45. KHOKFAK

. Toponymie : Khok = Crique
Fak = Rive opposée (La crique se trouve en fait en face du village, sur la rive opposée).

. Histoire : Le village a été fondé vers 1850 par dix familles venant de Khokhman.
Il compte, en 1998, 44 maisons et 320 habitants se disant Lao de la Vallée.

. Archéologie : Préhistoire
Protohistoire

46. HOUAYKHOUALUANG

. Toponymie : Houay = Rivière
Khoualuang = Grand pont
A l'origine, le village s'étendait des deux côtés de la rivière qui se jette dans le Mékong, d'où le nom de «Grand Pont ».

. Histoire : Le village aurait été fondé voici près de 120 ans par des gens venus du «Triangle d'Or ».
Ses fondateurs étaient Oun, Souk et Sennam.
Il comptait, en 1998, 437 habitants et 78 maisons.

. Archéologie : Préhistoire
Protohistoire
Période historique

47. PAKBO

. Toponymie : Pak = Embouchure, confluent
Bo = Mine
(= « La mine du confluent » : il y aurait eu des mines du «temps des Français » (Etain ?).

. Archéologie : Préhistoire
Protohistoire

48. PAKPA

. Toponymie : Pak = Embouchure, confluent
Pa = Poissons ou Forêts

. Histoire : Fondation vers 1920. Ils viennent de l'intérieur du pays (Houay Say-Ngan). Mélange de Lao de la Vallée et de Montagnards.
En 1998 : 29 maisons et 275 habitants.

. Archéologie : Protohistoire

49. PAKHOUNG

. Toponymie : Pak = Embouchure, confluent
Houng = Lumineux

. Histoire : Le village fut fondé il y a près d'un siècle.
Population assez mélangée.
En 1998, 62 maisons et 320 habitants.

. Archéologie : Préhistoire

50. KHOKFAN

. Toponymie : Khok = Crique
Fan = ?

51. KHONTIOU (Paktiou)

. Toponymie : Pak = Embouchure, confluent
Tiou = Nom d'un arbre
Khon = Cheval

. Histoire : Ils sont arrivés vers 1972 de Houay Souy.
Lors du déplacement du village vers le Nord, le village a pris le nom de Khontiou.
En 1998 : 25 maisons (dont 2 de Lao de la Vallée ; autres = Montagnards).

. Archéologie : Préhistoire
Protohistoire
Période historique

52. HOUAYSOUY

. Toponymie : Houay = Rivière
Souy = Etang

. Histoire : Depuis 1900, ils sont venus de Pakneun. Les fondateurs du village sont Chantha, Douang, Souk, et Ka.
En 1998 : 55 maisons (17 Montagnards + 38 Lao de la Vallée) ; 317 habitants.

. Archéologie : Préhistoire
Période historique

53. PAKNEUN

. Toponymie : Pak = Embouchure, confluent
Neun = Pente raide (Nom de la rivière)

. Histoire : Le village aurait été fondé voici près de 150 ans. Ses fondateurs sont Phiaphom, Phiachanh et Phiavak. Il y a un monastère créé par Phiachanh en 1867.
En 1998 : 88 maisons (4 de Montagnards et 84 de Lao de la Vallée) et 627 habitants.

. Archéologie : Préhistoire
Protohistoire
Période historique

54. HOUAYHIP

. Toponymie : Houay = Rivière
Hip = Valise; malle; sarcophage; cercueil
Une version dit : « Un commerçant a perdu sa valise de marchandises dans la rivière du village ; il ne l'a jamais récupérée. »
Une autre version dit : « Près du village se trouve un rocher ressemblant à une valise, d'où le nom du village ».

. Histoire : Le village compte 44 maisons : 2 de Lao de la Vallée et 42 de Montagnards venus de l'intérieur (pas plus de 10 km semble-t-il) vers 1975.

. Archéologie : Préhistoire

55. TALAN

. Toponymie : Ta = Grand Père
Lan = Neveu

Un grand-père et son neveu cultivaient ici leur champ. Après leur mort, les successeurs ont donné leur nom au village.

. Histoire : Ils sont venus de Pakpho (72) ; se disent Lao de la Vallée.
En 1998 : 64 maisons.

. Archéologie : Préhistoire
Protohistoire

56. PAKLAN

. Toponymie : Pak = Embouchure, confluent
Lan = (million) ? – Rocher très lourd

. Histoire : Seraient là depuis 200 ans (Guerre des Ho, Chine du sud). Ils sont venus de Muang Et (District de Xieng Kho, Province de Samneua). Se disent Lao de la Vallée.
En 1998 : 32 maisons.

. Archéologie : Protohistoire

57. THADUA

(Pour mémoire)

58. PAKHON

. Toponymie : Pak = Confluent
Hon = Nom de la rivière du village

59. PAKPHAI

. Toponymie : Pak = Embouchure, confluent
Phai = Bambous (Nom de la rivière)

. Histoire : A l'origine, le village (appelé Phadeng) était situé à la source de la rivière Phai, mais fut déplacé suite à la guerre avec les Américains, en 1967. Fondé, il y a trois générations.
En 1998 : 62 maisons (6 Lao de la Vallée + 56 Montagnards) et 352 habitants.

. Archéologie : Préhistoire
Protohistoire
Période historique

60. PAKPA

. Toponymie : Pak = Embouchure, confluent
Pa = Poisson
Confluent avec poissons abondants.

. Histoire : Venus de Muang Xun (Luang Prabang) vers 1757 (Guerre Ho).
En 1998 : 46 maisons (10 de Montagnards et 36 de Lao de la Vallée). 327 habitants.

. Archéologie : Protohistoire
Période historique

61. PAKGNAN

. Toponymie : Pak = Embouchure, confluent
Gnan = ? (Nom de la rivière)

. Histoire : La population d'origine est venue, voici près d'un siècle, de Khokakha (43).
En 1998 : 66 maisons et 457 habitants (Lao de la Vallée et Montagnards).

. Archéologie : Protohistoire

62. HATXOK

. Toponymie : Hat = Banc de sable
Xok = Bataille
(= Deux groupes de chasseurs d'éléphants blancs étaient arrivés sur le site du village. Ils se querellèrent, chaque groupe prétendant accaparer l'éléphant blanc. En finale, ceux qui avaient perdu s'en allèrent mourir sur le banc de sable.)

. Histoire : Le village a changé de nom et s'appelle Hatxaykham (?), depuis 1975.
Il y avait 55 maisons en 1998.

63. KHOKTOM

. Toponymie : Khok = Crique
Tom = Boue

. Histoire : Ils sont venus – avant 1920 – du Nord (Samneua), et après 1920 de Xaignabouli.

64. KHOKXAY

. Toponymie : Khok = Crique
Xay = Sable

. Histoire : Ils sont venus de Houaykhua (65) et de Hatxok (62). Sont des Lao de la Vallée.
En 1998, le village comptait 20 maisons.

. Archéologie : Préhistoire
Période historique

65. HOUAYKHUA

. Toponymie : Houay = Rivière
Khua = Sorte de rotin

. Histoire : Le village comptait en 1998, 40 maisons et 215 habitants venus en 1960 de Thali (Intérieur du pays)

. Archéologie : Préhistoire
Protohistoire

66. PAKHAO

. Toponymie : Pak = Embouchure, confluent
Hao = ? (Nom de la rivière)

. Histoire : Vers 1952, ils sont venus de Khole (67).
En 1998, il y avait 31 maisons et 166 habitants (Lao de la Vallée).

. Archéologie : Protohistoire

67. KHOLE

. Toponymie : Khole = Contempler.

(= C'est le nom du « rapide » local dans le Fleuve. Un bateau qui remontait le Fleuve s'est écrasé contre le rocher sans que l'on puisse intervenir, si ce n'est « en risquant le coup de contempler ».)

. Histoire : Village composé de Lao de la Vallée et de gens venus de la Montagne vers 1952.

. Archéologie : Préhistoire
Période historique

68. HATKEO

. Toponymie : Hat = Banc de sable
Keo = ? (Pierre précieuse)

. Histoire : Le village a été créé il y a un siècle par des gens venus de Houaykhua (65).
Le village comptait 47 maisons en 1998.

. Archéologie : Préhistoire

69. KHOKGNA

. Toponymie : Khok = Crique
Gna = Tabac (Plantations)

. Histoire : Il y a 150 ans, ils sont venus de la vallée de la Nam Ou (Nord de Luang Prabang).
Le village compte 62 maisons (dont 12 de Montagnards, les autres étant habitées par des Lao de la Vallée).

. Archéologie : Protohistoire
Période historique

70. PAKHANG

. Toponymie : Pak = Embouchure, confluent
Hang = Récipient ; ici : Auge à bétail (Nom de la rivière)

. Histoire : Depuis un siècle, ils sont venus de Khokgna (69). Les fondateurs formaient un couple : Mr. Thongdi et Me. Sao Ven. Ils venaient de Luang Prabang.
En 1998 : 25 maisons (Lao de la Vallée).

. Archéologie : Préhistoire
Période historique

71. NONGXAY

. Toponymie : Nong = Mare
Xay = Sable

. Histoire : Suite à des guerres, ils seraient venus – voici un siècle – de la vallée de la Nam Ou et de la vallée Nam Xenang (Nord de Luang Prabang).

. Archéologie : Préhistoire
Protohistoire
Période historique

72. PAKPHO

. Toponymie : Pak = Embouchure, confluent
Pho = ? (Nom de la rivière)

. Histoire : Ils occupent le village depuis 150 ans et venaient de Luang Prabang (Xiengkéo). Ce sont des Lao de la Vallée.
En 1998 : 95 maisons.

. Archéologie : Préhistoire
Protohistoire
Période historique

73. SENKHALOK

. Toponymie : Sen = Chenal
Khalok = Gouvernail

(= Chenal où le gouvernail (du bateau) est pris à partie par les remous dûs aux courants et aux rochers.)

. Histoire : Ils sont venus de Nabouan (Intérieur du pays). Ils appartiennent au groupe Yuan. Etaient venus il y a quatre générations.
En 1998 : 97 maisons (Lao de la Vallée).

. Archéologie : Préhistoire

74. XONGNUA

. Toponymie : Xong = Faux chignon
Nua = Nord (Quartier opposé au Quartier Sud).

(= Une princesse vient pêcher dans la rivière. Il y a beaucoup de poissons. La princesse, distraite par cette pêche, perd son faux chignon qui tombe dans la rivière… d'où le nom de la localité.)

. Histoire : Ils seraient venus du Nord, il y a environ un siècle.

. Archéologie : Protohistoire
Période historique

75. KHOKMAN

. Toponymie : Khok = Crique
Man = Patates (plantation)

. Histoire : Ils seraient venus de Luang Prabang, suite à une guerre avec la Chine, voici 150 ans. Ils se disent Lao de la Vallée.
Le village compte 151 maisons.

. Archéologie : Préhistoire
Protohistoire
Période historique

76. OU

. Toponymie : Ou = Berceau

(= La population venait de différentes régions et n'avait pas la possibilité de construire directement les maisons. Ils mirent leurs petits enfants dans des hamacs (Ou) alors que la rivière locale s'appelait Où.)

. **Histoire** : Fondé il y a quatre générations, le village fut installé à l'origine près de la cascade Kuang Si (autre rivière du village).
En 1998, 59 maisons (Mélange de Lao de la Vallée et de Montagnards).
. **Archéologie** : Préhistoire

77. MUANGKAY

. **Toponymie** : Kay = Filet pour capturer les oiseaux.
(= C'était un endroit où l'on chassait les oiseaux.)
. **Histoire** : Ce village appartenait au Domaine Royal de Luang Prabang. Il payait des droits à la famille royale. La cascade du village appartenait au Roi. C'était un lieu de récréation de la famille royale (Chasse, repas...). L'actuel village fut fondé il y a quatre générations par des habitants venus de la région.
En 1998, il comptait 101 maisons et 650 habitants.
. **Archéologie** : Période historique

78. THINXOM

. **Toponymie** : Xom = Contempler
(= Car c'est un lieu agréable ; on aime y contempler les rapides, les rochers, le paysage. Lieu de rencontre des jeunes.)
. **Histoire** : Les habitants sont venus de Saluan (79) (sur l'autre rive) et d'un peu partout.
En 1998 : 100 maisons et 544 habitants.
(NB : L'Informateur s'appelait Yonthit et était centenaire.)
. **Archéologie** : Préhistoire
Période historique

79. SALUAN

. **Archéologie** : Protohistoire

80. PAKLUNG

. **Toponymie** : Pak = Embouchure, confluent
Lung = Animal mi-chien, mi-cochon (que l'on trouvait là)
. **Histoire** : Lao de la Vallée
En 1998, 130 maisons.
. **Archéologie** : Préhistoire

LUANG PRABANG

. **Toponymie** : Luang Phrabang = Le Bouddha d'or («Patron » du Royaume du Laos)
. **Archéologie** : .Voir Service de l'Information et de la Culture
. Voir Musée de Luang Prabang

Notes concernant des villages non retenus par la prospection (entre Vientiane et Luang Prabang)

DON HIANG (G) Entre Vang (08) et Paksao (09)

. **Toponymie** : Don = Ile
Hiang = Nom d'une rivière proche du village
La rivière Hiang provient d'une falaise Pha Hiang dont la signification du nom est perdue.
. **Histoire** : A l'origine, le village était situé au confluent de Nam Hiang (Nam = rivière) et du Mékong. Il fut ensuite abandonné pour se voir réinstallé vers 1990 à l'emplacement actuel.

PAKMON (G) Entre Paklan (56) et Pakhon (58)

. **Toponymie** : Pak = Embouchure, confluent
Mon = ? (signifierait : « la barque va plus vite quand elle passe devant la localité » ? ?).
. **Histoire** : Ils sont venus de l'intérieur du pays (Vang Pham) depuis quatre générations.
En 1998 : 68 maisons et 322 habitants (Lao de la Vallée).

XONGTAI (D) Entre Hatkeo (68) et Xongnua (74)

. **Toponymie** : Xong = Faux chignon
Tai = Sud
(Quartier opposé au Quartier Nord)
Voir ante : Xong Nua (74)
. **Histoire** : Comme pour Xong Nua (74)

Tissage

TABLEAU II – LOCALITES VISITEES ENTRE LUANG PRABANG ET LA FRONTIERE CHINOISE

NUMERO	RIVE	LOCALITE	DISTRICT	PROVINCE
81	D	SANOK	CHOMPHET	LUANG PRABANG
82	D	DAN	CHOMPHET	LUANG PRABANG
83	G	XANGHAI	PAK OU	LUANG PRABANG
84	D	THINHONG	CHOMPHET	LUANG PRABANG
85	D	HOUAYKO	CHOMPHET	LUANG PRABANG
86	G	PAKOU	PAK OU	LUANG PRABANG
87	D	MOUANGKEO	CHOMPHET	LUANG PRABANG
88	G	KHOK	PAK OU	LUANG PRABANG
89	D	HOUAYGNO	CHOMPHET	LUANG PRABANG
90	G	KHOKKHAM	PAK OU	LUANG PRABANG
91	G	LATHAN	NGA	OUDOMXAY
92	G	KHOKPHOU	NGA	OUDOMXAY
93	G	GNOYHAI	NGA	OUDOMXAY
94	D	KENGKHEN	CHOMPHET	LUANG PRABANG
95	G	LATKHAMOUN	NGA	OUDOMXAY
96	D	KHOKLOUANG	CHOMPHET	LUANG PRABANG
97	D	KHOKLONG	CHOMPHET	LUANG PRABANG
98	D	HOUAYKOUM	NGA	OUDOMXAY
99	G	LATEN	NGA	OUDOMXAY
100	D	LE	CHOMPHET	LUANG PRABANG
101	G	TON	CHOMPHET	LUANG PRABANG
102	G	HATKHAM	NGA	OUDOMXAY
103	D	PAKKON	CHOMPHET	LUANG PRABANG
104	G	HOUAYHING	NGA	OUDOMXAY
105	G	KENGHANG	NGA	OUDOMXAY
106	D	KENGHANGGNAI	CHOMPHET	LUANG PRABANG
107	G	MOKKHOUAN	NGA	OUDOMXAY
108	G	HATTEU	NGA	OUDOMXAY
109	D	KENGHANGNOY	HONGSA	XAIGNABOULI
110	G	HOUAYTEUY	NGA	OUDOMXAY
111	G	BO	NGA	OUDOMXAY
112	G	HOUAYKHA	NGA	OUDOMXAY
113	D	KHOKEK	NGA	OUDOMXAY
114	D	THANOUN	HONGSA	XAIGNABOULI
115	D	KENGEN	HONGSA	XAIGNABOULI
116	D	HOUAYSONG	HONGSA	XAIGNABOULI
117	G	KHOKMALIEU	PAKBENG	OUDOMXAY
118	G	HOUAYLAO	PAKBENG	OUDOMXAY
119	D	PAKNGUM	HONGSA	XAIGNABOULI
120	G	DONCHENG	PAKBENG	OUDOMXAY
121	G	PAKBENG	PAKBENG	OUDOMXAY
122	D	PAKKHEN	NGEUN	XAIGNABOULI
123	G	PAKNGEUY	PAKBENG	OUDOMXAY
124	D	HOUAYNGEUY	NGEUN	XAIGNABOULI

NUMERO	RIVE	LOCALITE	DISTRICT	PROVINCE
125	D	HOUAYPO	NGEUN	XAIGNABOULI
126	G	LOUANGTONG	PAKBENG	OUDOMXAY
127	G	LA	PAKBENG	OUDOMXAY
128	G	HOMXAY	PAKBENG	OUDOMXAY
129	G	KHOKKA	PAKBENG	OUDOMXAY
130	D	HOUAYSA	XIENGHON	XAIGNABOULI
131	G	HOUAYKHOUN	XIENGHON	XAIGNABOULI
132	D	PAKSIT	XIENGHON	XAIGNABOULI
133	D	PAKPETNEUA	XIENGHON	XAIGNABOULI
134	D	KHOKMEUY	PAKKHOP	XAIGNABOULI
135	D	HOAKENG	PAKKHOP	XAIGNABOULI
136	G	KHOKHAO	PAKKHOP	XAIGNABOULI
137	D	PAKKHOP	PAKKHOP	XAIGNABOULI
138	D	KONTUN	PAKTHA	BOKEO
139	G	HATSAK	PAKTHA	BOKEO
140	D	KENGPHAK	PAKTHA	BOKEO
141	G	HATDONKEO	PAKTHA	BOKEO
142	G	HATSA	PAKTHA	BOKEO
143	G	HOUAYPHALAM	PAKTHA	BOKEO
144	D	HOUAYSANGUK	PAKTHA	BOKEO
145	G	HOUAYSOUAK	PAKTHA	BOKEO
146	G	PAKTHA	PAKTHA	BOKEO
147	G	HOUAYTHONG	PAKTHA	BOKEO
148	G	KHOKLOUANG	HOUAYXAI	BOKEO
149	G	DAN	HOUAYXAI	BOKEO
150	G	VIANGMAY	HOUAYXAI	BOKEO
151	G	HOUAKHOUA	HOUAYXAI	BOKEO
152	G	HOUAYMON	HOUAYXAI	BOKEO
153	G	DONKEO	HOUAYXAI	BOKEO
154	G	HOUAYTAT	HOUAYXAI	BOKEO
155	G	NAMNGAO	HOUAYXAI	BOKEO
156	G	NAMGNONKAO	HOUAYXAI	BOKEO
157	G	NAMKEUNGKAO	TONPHEUNG	BOKEO
158	G	XIANGCHAI	TONPHEUNG	BOKEO
159	G	SINGKHAM	TONPHEUNG	BOKEO
160	G	SIDONGNENG	TONPHEUNG	BOKEO
161	G	DONKHOUN	TONPHEUNG	BOKEO
162	G	SIMOUANGNGAM	TONPHEUNG	BOKEO
163	G	HOMYEN	TONPHEUNG	BOKEO
164	G	HOUAYTANG	TONPHEUNG	BOKEO
165	G	SIDONLEUANG	TONPHEUNG	BOKEO
166	G	HOUAYLOM	TONPHEUNG	BOKEO
167	G	GNANGKHAM	TONPHEUNG	BOKEO
168	G	LOUANGSINGCHAI	TONPHEUNG	BOKEO
169	G	HOUAYHON	TONPHEUNG	BOKEO
170	G	TANG O	TONPHEUNG	BOKEO

NUMERO	RIVE	LOCALITE	DISTRICT	PROVINCE
171	G	POUNLOH	MEUNG	BOKEO
172	G	HOUAYSAN	MEUNG	BOKEO
173	G	PHAKHAO	MEUNG	BOKEO
174	G	DONMOUN	MEUNG	BOKEO
175	G	CHOMSENG	MEUNG	BOKEO
176	G	XIENGDAO	MEUNG	BOKEO
177	G	XIENGKOK	MEUNG	BOKEO
178	G	KHALANG	LONG	LUANGNAMTHA
179	G	CHAYITAY	LONG	LUANGNAMTHA
180	G	CHAYINEUA	LONG	LUANGNAMTHA

NOTES :

1. En face de Khoklouang (148) et ce jusqu'à Homyen (163), la rive droite du Mékong est thaïlandaise.

2. En face de Houaytang (164) et ce jusqu'à Chayineua (180), la rive droite du Mékong relève du Myanmar (ex Birmanie).

L'équipe de prospection et l'équipage, à Tang O (170).

b. De Luang Prabang à la frontière chinoise

Le **TABLEAU II** détaille les localités visitées entre LuangPrabang et la frontière chinoise

81. SANOK

. Toponymie : Sa = Nourriture préparée (salade)
Nok = Oiseau
(= Salade d'oiseaux ; par extension, endroit de pique-nique

. Histoire : Fondation du village inconnue
Pendant le règne du dernier Roi de Luang Prabang, les notables venaient faire pique-nique et chasser les oiseaux dans cette localité.
En 1999 : 24 maisons : 19 Lao de la Vallée
5 Khmou

. Archéologie : Préhistoire
Période historique

82. DAN

. Toponymie : Dan = Poste de contrôle, Octroi

. Histoire : L'époque de fondation du village est inconnue.
En 1999 : 20 maisons : 15 Lao de la Vallée,
5 Khmou)

83. XANGHAI

. Histoire : Village de potiers (fours visibles), devenu village touristique

. Archéologie : Période historique

84. THINHONG

. Toponymie : Thin = Lieu
Hong = Résidence
(= Par similitude de la forme de la montagne avec une résidence de haut rang.)

. Histoire : Le village se trouve au pied d'une montagne appelée Pha Hong. La rivière s'appelle Houay Nam Hong. (Fouilles du Professeur Bellwood et de M. Thongsa Sayavongkhamdy à l'ouest du village)
L'ancien village se trouve au sud du village actuel.
En 1972/1973, le village fut détruit par des bombardements américains. Les habitants furent obligés de fuir pendant deux mois à Luang Prabang.
En 1999 : 65 maisons – 415 habitants.

. Archéologie : Préhistoire
Période historique

85. HOUAYKO

. Toponymie : Houay = Rivière
Ko = ?

. Histoire : Les Lao de la Vallée étaient installés dans ce village ; suite à la guerre (1967), des Khmou venant de la vallée de la Nam Ou sont arrivés et s'y sont installés.
En 1999 : 40 maisons : 32 Lao de la Vallée
8 maisons Khmou
238 habitants
Le village est divisé en deux parties :
Au Nord de la rivière Leng (Houay Leng) : Quartier Khmou
Au Sud de la rivière Leng : quartier des Lao de la Vallée.

. Archéologie : Protohistoire
Période historique

86. PAKOU

. Toponymie : Pak = Confluent
Ou = ? (nom de la rivière du village ?)

87. MOUANGKEO

. Toponymie : Mouang = Manguier (A la source de cette rivière Mouang se trouvait en effet un gros manguier)
Mouang - Keo = Espèce différente de manguier.

. Histoire : Les premiers habitants sont venus de PakOu (86). En 1972, 13 maisons ont été incendiées par accident : des enfants avaient bouté le feu avec des pétards. Pendant le guerre : pas de gros problème.
En 1999 : 25 maisons, 147 habitants (tous Lao de la Vallée).

. Archéologie : Préhistoire
Protohistoire

88. KHOK

. Toponymie : Khok = Crique

. Histoire : Les habitants sont venus de PakOu (86) pour cultiver temporairement, puis se sont établis définitivement à Khok.
Au 14e Siècle (?), les troupes de soldats du Roi Chaofa Ngum se sont basées là pour attaquer Luang Prabang (Suite à une querelle de famille ; un prince écarté du Trône le reprend ensuite. Il sera le fondateur du Royaume de Lane Xan)

. Archéologie : Préhistoire
Protohistoire
Période historique

89. HOUAYGNO

. Toponymie : Houay = Rivière
Gno = Nom de la rivière

. Histoire : Le village aurait été fondé il y a près de deux siècles. Les habitants venaient de diverses localités.
En 1999: 44 maisons (Lao de la Vallée)

. Archéologie : Préhistoire
Période historique

90. KHOKKHAM

. Toponymie : Khok = Crique
Kham = Traverser
(= Un ermite traverse le Mékong à cet endroit pour s'établir dans la grotte Tham Pha Chek. Plus tard, les gens s'habitueront à traverser en ce lieu.)

. Histoire : Vers 1968/1969, le village fut bombardé par les avions américains. Les habitants fuirent à Luang Prabang et ne revinrent qu'en 1973. Le village est à la limite de la Province de Luang Prabang ; l'autre Province est Ou-domXay.
En 1999 : 36 maisons : 5 Montagnards
le reste Lao de la Vallée
212 habitants

. Archéologie : Préhistoire
Protohistoire
Période historique

91. LATHAN

. Toponymie : La (t) = de Lak : tirer
Hang = Han = queue (d'un oiseau)
(= Tirer la queue. Un grand oiseau s'est posé sur le sommet d'une falaise. Il tourne sa tête vers le sud et sa queue vers le nord – à l'emplacement actuel du village LatHan.)

. Histoire : Les habitants sont venus de Som (District de PakOu). Le village aurait été fondé il y a quatre générations.
En 1967/1968, le village a été bombardé et incendié par des avions américains.
En 1999 : 166 maisons
1003 habitants (Lao de la Vallée).

. Archéologie : Préhistoire
Protohistoire
Période historique

92. KHOKPHOU

. Toponymie : Khok = Crique
Phou = Tourbillon

. Histoire : Ils sont venus de Pheun. A l'origine, ce sont des Phouan venus de la plaine des Jarres via la vallée de la Nam Ou. Le village aurait été fondé il y a cinq générations. Dans le passé, c'était un marché régional. Le village fut épargné pendant la guerre.
En 1999 : 64 maisons
373 habitants (Lao de la Vallée)

. Archéologie : Préhistoire
Protohistoire
Période historique

93. GNOYHAI

. Toponymie : Hai = Arbre parasite laissant pendre des lianes, appelées Gnoy.

. Histoire : Initialement, trois familles se sont installées, en ce lieu pour y cultiver, et les autres ont suivi. Les fondateurs s'appelaient : les Vieux Ngao, Sida et Sao.
La Guerre n'a pas affecté le village, mais la peur a fait fuir la population vers Luang Prabang (1971/1972).
En 1999: 19 maisons
115 habitants (Lao de la Vallée + 3 familles de Montagnards).

. Archéologie : Préhistoire
Période historique

94. KENGKHEN

. Toponymie : Keng = Rapides
Khen = Instrument de musique en bambou ; sorte de flûte
(= En face du village, une falaise ressemble à la flûte Khen. Une rivière proche, au nord du village, s'appelle Khen.)

. Histoire : En 1970, le village fut bombardé par l'US Air Force et totalement incendié. Les habitants se réfugièrent à Xieng Mèn en face de Luang Prabang.
En 1999 : 83 maisons (Lao de la Vallée).

. Archéologie : Préhistoire
Période historique

95. LATKHAMOUN

. Toponymie : Lat = Marché, foire
Khamoun = Argent, monnaie (En langue des Montagnards).
(= Par extension = marché qui rapporte de l'argent.)

. Histoire : Les habitants initiaux sont venus de Houa Nam Xèng (District de Xèng, Province de Luang Prabang) suite à la guerre menée vers 1920 pour se libérer de la tutelle française sous le Protectorat.
En 1999 : 64 maisons
397 habitants (Lao de la Vallée en majorité).

. Archéologie : Préhistoire
Protohistoire
Période historique

96. KHOKLOUANG

. Toponymie : Khok = Crique
Louang = Grande

. Histoire : Le village est occupé à l'origine par les Leu. Puis un vieux vient de Luang Prabang pour

cultiver, et d'autres suivent. En 1975, venue des Khmou.
En 1999 : 27 maisons : 6 Lao de la Vallée
21 Khmou

97. KHOKLONG

. Toponymie : Khok = Crique
Long = Chenal

. Histoire : Village fondé en 1965. Les habitants sont venus du District de Nga.
En 1999 : 22 maisons
242 habitants (Lao de la Vallée)

. Archéologie : Préhistoire

98. HOUAYKOUM

. Toponymie : Houay = Rivière
Koum = Ombragé (en langue Khmou)

. Histoire : Ces Khmou sont venus de Houay Out (à 12 km du site actuel) en 1982. (Ils ont découvert une bombe d'avion U.S. non explosée près de leur point d'eau potable ; en 1999 et 2000 la Mission est intervenue pour la destruction de cet engin qui fut, finalement, programmée pour janvier 2001 mais toujours non réalisée en avril 2001).
En 1999 : 25 maisons (Khmou)

99. LATEN

. Toponymie : Lat = Marché, foire
En = Nom de la rivière proche du village

. Histoire : Avant 1975, le village était habité par des Lao de la Vallée qui, suite à la guerre, ont fui vers les villes et ne sont pas revenus.
En 1977, les Montagnards de Khouang (District de Nga) s'installent dans le village.

. Archéologie : Préhistoire
Protohistoire

100. LE

. Toponymie : Le = Regarder de loin, contempler (Nom de la rivière)

. Histoire : En 1999 : 42 maisons (Lao de la Vallée)

. Archéologie : Préhistoire

101. TON

. Toponymie : Ton = Nom de la rivière (?)

. Histoire : Suite au regroupement voulu par l'Administration, ils ont quitté leur village initial situé près de la source de la rivière Ton, en 1975. Ils s'établirent d'abord au confluent de la rivière Ton, mais il y avait beaucoup de maladies. Dès lors, ils se sont déplacés vers le nord du confluent.
En 1999 : 30 maisons
178 habitants (Khmou)

102. HATKHAM

. Toponymie : Hat = Banc de sable
Kham = Traverser
(= Ont utilisé ce banc de sable comme point de départ)

. Histoire : Ils sont venus de la vallée de Nam Xeuang. La fondation remonte à quatre générations. Pendant la guerre (1970), le village fut bombardé.

103. PAKKON

. Toponymie : Pak = Confluent
Kon = Profond

. Histoire : Village fondé en 1976. Dans le cadre du regroupement administratif, ils sont venus de villages assez proches : Keng Hang Noy, Mokkhouan, Vangle.
En 1999 : 37 maisons (Khmou)

. Archéologie : Préhistoire

104. HOUAYHING

. Toponymie : Houay = Rivière
Hing = Nom de la montagne proche
(= bonne chance, bonne fortune à la chasse)

. Histoire : En 1976, suite à la guerre, les habitants sont venus de Khouang (District de Nga).

105. KENGHANG

. Toponymie : Keng = Rapides
Hang = queue
(= Fin des rapides)

. Archéologie : Préhistoire

106. KENGHANGGNAI

. Toponymie : Keng = Rapides
Hang = Queue
Gnai = Grand
(= Fin des grands rapides)

. Histoire : Village occupé par les Lao de la Vallée avant la guerre. Ces Lao de la Vallée sont partis vers Hatteu et Hatkam. En 1973, des Khmou venus de Lamphen, de Keng Hang Noy s'installèrent dans le village.
En 1999 : 35 maisons
262 habitants (Khmou).

. Archéologie : Préhistoire

107. MOKKHOUAN

. Toponymie : Mok Khouan = Abondance de vivres (Langue Khmou)

. Histoire : Ils sont venus de l'intérieur Nord-Est du pays (à une heure à pied du site actuel) en 1975, lors du regroupement officiel des villages. En 1968/1969, l'ancien village fut bombardé
En 1999 : 20 maisons (Khmou)

. Archéologie : Préhistoire
Période historique

108. HATTEU

. Toponymie : Hatteu = Déformation de Hatpeu (échouage)
(= Beaucoup de pirogues s'échouent à cet endroit.)

. Histoire : En 1969, bombardement de l'U.S. Air force : beaucoup de gens furent tués. Le village était situé dans le « no man's land » entre les forces Royales et celles du Pathet Lao. Le village fut totalement incendié. Tout le monde prit la fuite. Le retour se fit après 1975.
En 1999 : 136 maisons (10 de Montagnards)
800 habitants

. Archéologie : Préhistoire

109. KENGHANGNOY

. Toponymie : Keng = Rapides
Hang = Auge du porc (queue, dans d'autres cas)
Noy = Petit
(= Aux eaux basses, les rapides ont une forme d'auge de cochon)

. Histoire : Village occupé par les Lao de la Vallée avant la guerre. Pendant la guerre, ces Lao de la Vallée ont fui et, en 1976, le village fut occupé par des Montagnards.
Le nom initial du village a été conservé.
En 1999 : 48 maisons

110. HOUAYTEUY

. Toponymie : Houay = Rivière
Teuy = Plante aromatique utilisée en pâtisserie

. Histoire : Ils sont venus depuis 1977 de Khé, Houay-Siou, Houaylak et Don. En 1970/1971, tous ces village furent bombardés et détruits, d'où le regroupement de leurs populations à Houay Teuy.

111. BO

. Toponymie : Bo = ?

. Archéologie : Préhistoire
Protohistoire
Période historique

112. HOUAYKHA

. Toponymie : Houay = Rivière
Kha = Nettoyer, laver
(= Par extension = Rivière où on va se laver)

. Histoire : Ils sont venus du Sud Yunan (Chine) depuis sept générations. Ils se sont d'abord installés sur la rive droite en un lieu appelé Muang-phaNang où il y avait 13 Vat ; ensuite ils occupèrent le village actuel. Chaque année, ils vont faire l'orpaillage au site de l'ancien village. Le village fut épargné pendant la guerre.

. Archéologie : Préhistoire
Période historique

113. KHOKEK

. Toponymie : Khok = Crique
Ek = Nom d'une rivière (= Joug de buffle)
(= A cet endroit, le Mékong tourne à 90° et prend la forme d'un joug de buffle.)

. Histoire : Le village serait ancien et l'on ignore aujourd'hui son origine. Son fondateur s'appelait Seng Douang Det.
En 1969, il y eût des bombardements aériens autour du village, mais le village ne fut pas touché.
Au sud du village a surgi récemment un nouveau village de Hmong (montagnards Sino-Thibétains).
En 1999 : 65 maisons (Lao de la Vallée).

. Archéologie : Préhistoire

114. THANOUN

. Toponymie : Tha = Monsieur
Noun = Noun
(Monsieur Noun est le fondateur du village.)
Autre version :
Tha = Port
Noun = Nom de la rivière locale.

. Histoire : Le village aurait été créé il y a 400 ans. Pendant l'Administration Siamoise (Thaïlande) chaque habitant devait payer 7 piastres d'impôt annuel (Si pas payé : obligation de faire des travaux pour l'Etat).
Pendant la guerre, le village a été épargné.
En 1998 : 18 maisons brulées suite à un accident : un vieux fou a mis le feu aux maisons.
En 1999 : 68 maisons (Lao de la Vallée)
362 habitants

. Archéologie : Préhistoire
Période historique

115. KENGEN

. Toponymie : Keng = Rapides
En = ?

. **Histoire** : La rivière Houay En située au nord du village a donné son nom au village. Avant la guerre (1976), le village était installé plus près de la rivière Houay En.
En 1999 : 35 maisons
286 habitants (Khmou)
. **Archéologie** : Préhistoire

116. HOUAYSONG

. **Toponymie** : Houay = Rivière
Song = Deux
(= 2.000 en lingot d'argent)
(= La pirogue d'un marchand a chaviré. Il aurait perdu son argent : 102.000 (?)... On a retenu 2.000... et l'histoire.)
. **Histoire** : Ils ont venus de la source de Houay Song suite aux regroupements ordonnés par l'Etat.
En 1999 : 24 maisons
186 habitants (Khmou)

117. KHOKMALIEU

. **Toponymie** : Khok = Crique
Malieu = ?

118. HOUAYLAO

. **Toponymie** : Houay = Rivière
Lao = Plante du genre « Canne à sucre »
. **Histoire** : Ces Montagnards sont venus de l'intérieur (Phadam - District de Pakbeng) en 1976 suite au regroupement des villages ordonné par le Gouvernement.
Pendant la guerre, le village fut bombardé à deux reprises par l'U.S. Air Force. A cette époque les gens se réfugièrent dans la grotte TamHouayOung, grande grotte située à l'ouest du village.
En 1999 : 32 maisons (Montagnards)
. **Archéologie** : Période historique

119. PAKNGUM

. **Toponymie** : Pak = Confluent
Ngum = ? (Nom de la rivière)
. **Histoire** : Depuis quatre générations, ils sont venus de la vallée de la Nam Ou. Au confluent de la rivière, « sculpture » représentant trois vaches (en fait, il s'agit d'une similitude au départ d'un rocher naturel). Ce lieu a servi de marché régional.
En 1999 : 63 maisons : 47 Khmou
16 Lao de la Vallée
. **Archéologie** : Préhistoire
Protohistoire
Période historique

120. DONCHENG (Khok Sout + Houaythom)

. **Toponymie** : Don = Ile
Cheng = ?
. **Histoire** : Ils viennent de Gnay, localité sise à l'intérieur du District de Pakbeng. Leur village fut bombardé à deux reprises par l'U.S. Air Force. Le village étant détruit, ils durent s'installer à Don Cheng en 1976.

121. PAKBENG

. **Toponymie** : Pak = Confluent
Beng = Nom de la rivière du village (?)

122. PAKKHEN

. **Toponymie** : Pak = Confluent
Khen(g) = Nom d'un arbre (au bois dur)
. **Histoire** : A 4 km à l'intérieur se trouve le village de Homexai. La route de Hongsa va jusqu'au village principal.
Les habitants sont venus d'un peu partout au départ de la région de la source de Houay-Namoun. Touchés par la guerre, ils se sont regroupés à Homexai (= réunion de la victoire). Village inauguré en 1988.
En 1999 : 70 maisons : 63 Montagnards
7 Lao de la Vallée
. **Archéologie** : Protohistoire
Période historique

123. PAKNGEUY

. **Toponymie** : Pak = Confluent
Ngeuy = Lever la tête
(= Fierté de leur abondance ; ici ils peuvent lever la tête)
. **Histoire** : Fondé depuis trois générations.
Ils sont venus de la vallée de la Nam Ou, grande voie de circulation. Au début, ils se sont installés au confluent de la Houay Ngeuy (rive gauche) puis, vu la surpopulation, ils ont traversé.
Le village fut épargné pendant la guerre.
En 1999 : 116 maisons
664 habitants (Lao de la Vallée)
. **Archéologie** : Préhistoire
Protohistoire

124. HOUAYNGEUY

. **Toponymie** : Houay = Rivière
Ngeuy = Regarder vers le haut
(= Les gens qui naviguent sur le Mékong regardent ce village en tendant la tête vers le haut)
. **Histoire** : Les gens sont venus de trois villages Ping, Mok Palong et Phay May (dans les montagnes de l'intérieur) : ces trois villages avaient

été bombardés pendant la guerre et regroupés en 1977 sur les deux rives de la rivière Houay Ngeuy, près de son confluent avec le fleuve.

. Archéologie : Préhistoire
Protohistoire
Période historique

125. HOUAYPO

. Toponymie : Houay = Rivière
Po = Beau, propre (Langue Khmou).
(= Rivière propre)

. Histoire : Le village d'origine était situé près de la source de la rivière Houay Po. En 1992, un regroupement se fit sur le site actuel.
C'est une population de Montagnards.
En 1999 : 30 maisons

. Archéologie : Préhistoire
Protohistoire
Période historique

126. LOUANGTONG

. Toponymie : Louang = Nom d'une chaîne de montagnes plus ou moins proche.
Tong = Nom d'une rivière qui vient de la dite chaîne de montagnes.

. Histoire : Les gens sont venus de Phakhom (près de Luang Prabang). La fondation aurait eu lieu il y a trois générations.
Vers 1967/1968, le village fut totalement bombardé et incendié. L'ancien village (au sud de la rivière) fut abandonné suite aux bombes non explosées qui s'y trouvaient. Le village actuel est sis au nord de la rivière. On raconte que vers la montagne de Louang, il y a des mines d'or et d'argent et que, la nuit, on voit les lumières des mines… (il pourrait s'agir de feux follets).

. Archéologie : Préhistoire
Période historique

127. LA

. Toponymie : La = ? (Langue Khmou)

. Histoire : Ils sont venus de La, village montagnard de l'intérieur du pays. Ce village fut bombardé pendant la guerre. Sur le site d'un ancien village, ils fondèrent le village actuel qui prit le nom de leur village d'origine.
En 1999 : 9 maisons (Montagnards Khmou).

. Archéologie : Préhistoire
Protohistoire

128. HOMXAY

. Toponymie : Hom = Ombre
Xay = Sable

. Histoire : Dans les cadre de la réorganisation agricole et de la lutte contre la dispersion, ils ont été regroupés en 1984, venant de Tangon (District de Pakbeng).

. Archéologie : Préhistoire

129. KHOKKA

. Toponymie : Khok = Crique
Ka = Poissons

. Histoire : A la fin de 19e siècle, les gens sont venus de Luang Prabang, suite à la guerre des Ho (Bandits chinois). Les gens parlent le dialecte de Luang Prabang. Le village est sis entre deux rivières: Houay Leng et Houay Nam Hieng. Le nom des fondateurs du village (il y a quatre générations) est : Chansouk et Phouy, venus de Khok Va et Phakhom (près de Luang Prabang). Vers 1967/1968, le village a été incendié suite à la guerre entre le Pathet Lao et les Royalistes.
Une Légende… : Dans le passé, les gens se réunirent là pour un marché local, surtout à l'intention des Montagnards. Un vendeur de poissons, gagnant la rive, a la corde tenant ses poissons qui casse. Aussitôt il crie (en langue Khmou) : « Ka – O, Ka – O… », Ce sont mes poissons », « Ce sont mes poissons », et il a donné ainsi le nom à l'endroit en question.
En 1999 : 71 maisons : 5 Montagnards
66 Lao de la Vallée
347 habitants

. Archéologie : Préhistoire

130. HOUAYSA

. Toponymie : Houay = Rivière
Sa = de Sako = Lézard
(= Un rocher, en face du village, ressemble à un lézard)
Houay Chiko (en langue Khmou)

. Histoire : Ces montagnards sont venus - vers 1978 (après la guerre) – de Mochkili (District XiengHon) et de Takhun.
En 1999 : 23 maisons
250 habitants (Khmou)

. Archéologie : Préhistoire
Protohistoire
Période historique

131. HOUAYKHOUN

. Toponymie : Houay = Rivière
Khoun = déformation de la langue Khmou : Mankroun = python, serpent.

. Histoire : Les gens sont venus de la vallée de NamNoy (Luang Prabang) suite à l'invasion des bandits Ho (il y a plus ou moins quatre générations). Pendant la guerre (1968), le village

actuel a été incendié suite aux bombardements de l'U.S. Air Force.
En 1999 : 24 maisons (Lao de la Vallée)

. Archéologie : Période historique

132. PAKSIT

. Toponymie : Pak = Confluent
Sit = Déformation de Sip (= 10 en langue Lao)
(= Vers la source, les gens chassaient les bêtes sauvages, dont le rhinocéros, mais 10 hommes furent tués par les bêtes.)

. Histoire : Ils sont venus, il y a environ 60 ans, de HouayKhoun (131). Pendant la guerre, le village fut épargné, mais ils ont cependant fui ailleurs un certain temps.
En 1999 : 22 maisons : 15 Lao de la Vallée
7 Khmou
109 habitants

. Archéologie : Préhistoire
Protohistoire
Période historique

133. PAKPETNEUA

. Toponymie : Pak = Confluent
Pet = Canard

. Histoire : Fondé en 1988 ; au début c'était un Camp Militaire, mais par après les civils s'installent. Les habitants sont venus de plusieurs villages : PakSit (132), PakGneuy (123), Khokka (129)). Il existe une route qui va en Thaïlande.
En 1999 : 30 maisons : 28 Lao de la Vallée
2 Montagnards

134. KHOKMEUY

. Toponymie : Khok = Crique
Meuy = Buffle sauvage

. Histoire : Village fondé (il y a trois générations) par des gens à la recherche de bonnes terres. Ils venaient de Gnoyhai (93).
En 1970/1971 : Le village fut bombardé et totalement incendié.
En 1999 : 42 maisons
209 habitants (Lao de la Vallée)

. Archéologie : Préhistoire
Période historique

135. HOAKENG

. Toponymie : Hoa = Tête, début
Keng = Rapides

. Histoire : Le village fut (re)fondé en 1981. Les gens sont venus de Houay Phouan (District de Pakkhop). Pendant la guerre, les habitants initiaux ont fui et ne sont jamais revenus.
En 1999 : 48 maisons (Montagnards).

. Archéologie : Préhistoire

136. KHOKHAO (Houay Hao)

. Toponymie : Khok = Crique
Hao = Nom d'une rivière
(ancien nom = HouayHao)

. Histoire : Le (nouveau) village a été fondé en 1978. Ils sont venus de l'ancien village (où quelques familles résident toujours), sis près de la source de l'Houay Set.
En 1999 : 24 maisons (Khmou)

137. PAKKHOP

. Toponymie : Pak = Confluent
Khop = Lieu de rencontre (?) ; Nom d'une Rivière
(= Un radeau descend le Mékong avec un couple. Le radeau heurte un rocher. Suite au choc, le mari est inconscient mais est ranimé par un nouveau choc. Le couple se retrouve sain et sauf à Pakkhop.)

. Histoire : Une route va du village vers la Thaïlande et le District de Xienghon Les gens sont venus de Paktha depuis trois générations. Les fondateurs s'appelaient Phianava et Khamxao, sa femme. A l'origine, ils étaient venus pour faire des cultures. Le quartier d'origine est au nord du village. En 1968/1969, le village fut totalement détruit par les bombes de l'US Air Force. Les habitants prirent la fuite avant de se réinstaller après 1975.
En 1999 : 118 maisons
624 habitants (Lao de la Vallée)

. Archéologie : Préhistoire
Protohistoire

138. KONTUN

. Toponymie : Kon = Rocher
Tun = Réveiller
(= Rocher du réveil)

. Histoire : Ils sont venus de HouayKon (District de Nga) et du sud Yunan (Chine) suite à la guerre des Ho et à la recherche de terres. Le village aurait été fondé il y a 104 ans (en 1999).
En 1970/1971, des maisons furent incendiées par la guerre. Suite à cela, une partie de la population fut déplacée à Simuangngam.
Du village part une route vers la Thaïlande.
En 1999: 139 maisons : 123 maisons Leu
16 maisons Khmou
751 habitants

. Archéologie : Préhistoire
Protohistoire

139. HATSAK

. Toponymie : Hat = Banc de sable
Sak = Pilon

(= Tout près du village coule la rivière Houay Sak ; dans cette rivière l'on trouve des pierres en forme de pilon que les villageois utilisent)

. Histoire : Les gens sont venus du District de Hongsa, de Lathan, des vallées de la Nam Ou et de la Nam Nga.
Le village fut fondé il y a trois générations.
Pendant la guerre, les environs du village furent bombardés, sans dégâts pour le village.
En 1999 : 78 maisons (Leu, autre branche des Lao de la Vallée).

. Archéologie : Préhistoire
Protohistoire

140. KENGPHAK

. Toponymie : Keng = Rapides
Phak = Séparation
(= Rapides de la séparation, suite aux accidents souvent mortels y survenant.)

. Histoire : Des La Leu sont venus de la vallée de la Nam Ou et de Namxeang pour se disperser le long du Mékong. D'abord installés à Hatsa (142), ils connaissent bientôt des problèmes de surpopulation et des conflits avec les Lao de la Vallée. Aussi vont-ils créer un village sur la rive droite opposée à KengPhak, fondée depuis trois générations.
En 1999 : 96 maisons
526 habitants (Lao Leu)
Une légende... : Un couple allait travailler à ses champs en empruntant la voie du fleuve. En cours de route, fatigués, ils se reposent sur un rocher du banc de sable dit depuis Hat Nang Nong (= dame couchée). Mais le rocher s'effondre dans le fleuve, et s'écrase au niveau de KengPhak. Le couple est séparé. L'épouse en perdition accoste à la rivière qui prend le nom Houay Kham (= marcher à quatre pattes). Le mari, inanimé, se réveille à Kontun (138). Ils se retrouvent tous deux à HouayKhop (= rivière d'union, de rencontre) (Voir 137 Pakkhop).
Pour être complet, il faut noter que le village fut bombardé en 1971/1972.

. Archéologie : Préhistoire
Protohistoire
Période historique

141. HATDONKEO (Hatxat)

. Toponymie : Hat = Banc de sable
Don = Ile
Keo = Cristal
Xat (Sat) = Bête

. Histoire : En 1984, le nom du village a changé de Hatxat en Hat DonKeo. Le nom de Hatxat se justifiait car dans le passé il y avait beaucoup de bêtes sauvages ; éléphants, tigres, buffles sauvages...
Au nord du village coule la rivière Houay Sat ; le long de cette rivière, il y a des rochers en forme d'éléphant et de tortue. Les gens sont venus de Xiantoung (Sud de la Chine). Au début, ils se sont installés dans la vallée de la Nam Ou, et plus tard ils se sont dispersés vers le Mékong.
La fondation du village se serait faite, il y a près de 120 ans. Pendant la guerre (vers 1968/1969, le village fut bombardé. Il y eût sept maisons incendiées.

. Archéologie : Préhistoire
Protohistoire
Période historique

142. HATSA

. Toponymie : Hat = Banc de sable
Sa = Etang

. Histoire : Il y a cinq générations, les gens sont venus des Districts Mouang Et (Province de Xamneua), Nambak et Hongsa. Pendant la guerre, le village fut épargné.

. Archéologie : Protohistoire

143. HOUAYPHALAM

. Toponymie : Houay = Rivière
Phalam = Tube en bambou où l'on conserve riz.
(= Sur cette rivière, l'on trouve de bons bambous pour conserver le riz.)

. Histoire : Les gens se sont installés en 1966 sur un site préexistant. Ils venaient des Districts de Nga, XiengHon et Pakbeng.
Ce village a été épargné par la guerre.

. Archéologie : Préhistoire
Protohistoire
Période historique

144. HOUAYSANGUK

. Toponymie : Houay = Rivière
Sanguk = Tourner la tête
(= Parce que, dans le temps, les gens faisaient de l'orpaillage à cet endroit ; un jour, un homme trouva une grosse pépite et la cacha dans sa bouche; pour ne pas se dévoiler, il tournait la tête chaque fois qu'on lui adressait la parole.)

. Histoire : Il y a trois générations, les gens sont venus de Konsalin (vallée de la Nam Ou). Ils s'installèrent d'abord au sud du village actuel, ensuite ils poussèrent vers le nord de la rivière dont ils occupent les deux rives. Le village est à 4 km de la frontière Thaï.

. Archéologie : Préhistoire
Protohistoire

145. HOUAYSOUAK

. **Toponymie** : Houay = Rivière
Souak = Nom de la rivière locale

. **Histoire** : Ils sont venus de l'ancien village situé près de la source de la rivière Souak. Vers 1970/1971, cet ancien village fut bombardé et incendié. En 1976, ils occupèrent le site actuel dans le cadre de la réorganisation territoriale.
En 1999 : 67 maisons (Khmou).

146. PAKTHA

. **Toponymie** : Pak = Confluent
Tha = ? (littéralement = Monsieur)

147. HOUAYTHONG (HatXaithong)

. **Toponymie** : Houay = Rivière
Thong = Or (devenue HatXai = banc de sable)

. **Histoire** : Ils sont venus du District de Paktha, depuis deux générations.
En 1972-1973, le village fut bombardé par l'US Air Force et totalement incendié. Les gens ont fui à Dan (149) et vers la Thaïlande.
Vers 1976, arrivée des Montagnards. C'est le dernier village du District de Paktha avant celui de Houayxai.

148. KHOKLOUANG

. **Toponymie** : Khok = Crique
Louang = Grande

. **Histoire** : Village fondé vers 1940, ils sont venus du District de Paktha.
En 1999: 59 maisons : 39 Lao de la Vallée
20 Khmou
320 habitants

149. DAN (Nakeo)

. **Toponymie** : Dan = Poste de contrôle, Octroi

Na = Rizière
Keo = Cristal
(= Rizière de cristal ; rizière prospère)

. **Histoire** : Ils sont venus de la vallée de la Nam Ou, des Districts de Houn et de Lamtha. Ils se sont installés dans ce village depuis 1966, suite à la guerre. Ils étaient amenés de force par l'Armée Royale pour éviter la «contagion» avec le Pathet Lao.
En 1999 : Plus de 500 maisons pour les sept hameaux constituant le village (Majorité = Leu).

. **Archéologie**: Préhistoire
Période historique

150. VIANGMAY

. **Toponymie** : Vieng = Ville
Mai = Nouvelle

. **Histoire** : Les gens sont venus de Paktha (146), Phongsali, du Cambodge (d'une région Lao cédée par les français au Cambodge), de Louang Namtha.
En 1999 : 72 maisons (Lao de la Vallée)

151. HOUAKHOUA

. **Toponymie** : Houay = Rivière
Mon = ?

. **Histoire** : Le village aurait été fondé en 1958. Les gens sont venus des Districts de HouayXai et de Pakpeng, de Khoksout, de Thasouang. Pas de dégâts pendant la guerre.
En 1999 : 37 maisons (Lao de la Vallée).

152. HOUAYMON

. **Toponymie** : Houay = Rivière
Mon = ?

. **Histoire** : Ce sont des Lao de la Vallée. Ils auraient fondé le village en 1958, venant des Districts de HouayXai et Pakbeng, des localités Khoksout et Thasouang.
Le village a été épargné pendant la guerre.
En 1999 : 37 maisons

. **Archéologie**: Préhistoire
Période historique

153. DON KEO

. **Toponymie** : Don = Ile
Keo = Cristal, pierres précieuses

. **Histoire** : L'ancien nom du village était Pakouay (= forêt de bananiers). Le nom fut changé en 1996.
Le village avait été fondé en 1989 par des gens venus de Namyon et de Namtha. C'est aussi un lieu d'orpaillage.
En 1999 : 35 maisons (Khmou et Leu).

154. HOUAY TAT

. **Toponymie** : Houay = Rivière
Tat = Chute d'eau

. **Histoire** : Le village fut fondé en 1975. Venus du District de HouayXai.
En 1999 : 30 maisons (Lao de la Vallée)

155. NAMNGAO

. **Toponymie** : Nam = Rivière
Ngao = Malédiction

. **Histoire** : Vers 1963, suite à la guerre, ils sont venus du District de Houn. Ils ont occupé ce village habité antérieurement à leur venue.
En 1999 : 98 maisons (Lao Leu).
. **Archéologie** : Préhistoire

156. NAMGNONKAO

. **Toponymie** : Namgnon = Village des mendiants (en birman)
Kao = Ancien (en birman)
En Lao = Nam = Rivière
Gnon = Nom de la rivière
Kao = Ancien
. **Histoire** : Village habité antérieurement par les Man (Birmans). Les habitants actuels sont venus de la vallée de la Nam Ou, depuis 75 ans.
En 1999 : 77 maisons (Leu).
. **Archéologie** : Préhistoire
Protohistoire
Période historique

157. NAMKEUNGKAO

. **Toponymie** : Nam = Rivière
Keung = ?
Kao = Ancien

158. XIANGCHAI

Pour mémoire

159. SINGKHAM

Pour mémoire

160. SIDONGNENG (HouayPoun)

. **Toponymie** : Si = Sainte
Don = Ile
Gneng = Contemplation
Houay = Rivière
Poun = Tourbillon
. **Histoire** : Avant 1975, le lieu était envahi par la végétation : c'était le site d'un ancien village. Des Leu s'y installèrent, venant des Districts Mouangsin, Xieng Hon et Ngeun. En 1985, le village prend le nom de SiDonGneng.
En 1999 : 68 maisons (Lao - Leu)
. **Archéologie** : Préhistoire
Période historique

161. DONKHOUN

. **Toponymie** : Don = Ile
Khoun = Fécondité
. **Histoire** : Le village fut fondé en 1990 par des gens venus de Khon (District de Ngeun) pour y pratiquer l'agriculture.
En 1999: 99 maisons
535 habitants (Lao de la Vallée)
. **Archéologie** : Préhistoire
Période historique

162. SIMOUANGNGAM

. **Toponymie** : Si = Sainte, sacrée
Muang = Ville
Ngam = Belle
. **Histoire** : Village refondé en 1966 sur le site d'un village préexistant. Cinq groupes habitent le village : Lao de la Vallée
Leu
Nkhamu (Montagnards)
Phounoi (Sino-Tibétains)
Kheun (Montagnards venant du nord-est)
Ils sont venus des Districts de Ngeun, de Hongsa, des villages de Kontun, Hatsak, Hatxat, Keng Phak. A l'origine, ils ont fait des campements pour cultiver.
En 1999 : 211 maisons

163. HOMYEN

. **Toponymie** : Hom = Ombre
Yen = Frais (Lieu frais et ombragé)
(= Par extension = Prospérité)
. **Histoire** : Le village fut fondé en 1993, dans le cadre de la réorganisation agricole. Les gens sont venus des villages suivants :

Houay Makhea	Hatten
Namkeung	Bo
Keng Phak	Houaykang
Thamoun	

164. HOUAYTANG

. **Toponymie** : Houay = Rivière
Tang = Chute d'eau
. **Histoire** : Le village aurait été fondé en 1972. Au début, quelques familles d'agriculteurs birmans venus de Mouang Khan (Birmanie) s'installent en 1968 à Mouang Meung (Laos), puis arrivent à Houay Tang.
En 1999 : 41 maisons : 39 Lao - Leu,
2 Lao de la Vallée
. **Archéologie** : Préhistoire
Période historique

165. SIDONLEUANG (Luang Hi Noy)

. **Toponymie** : Si = Saint, sacrée
Don = Ile
Leuang = Nom de l'île
(= Lieu éclairé, de progrès)
Hi = Arbre Ficus
Noy = Petite
Muang Hi = Palissade (ou si mal prononcé= petit sexe).

. **Histoire** : Fondé en 1968 par 15 familles Leu venues de MouangSing, suite à la guerre.
Le village est divisé en deux parties :
Au nord de la rivière Houay Leng = Iko
Au sud de la rivière = Leu
Les Iko sont venus d'installer depuis 1988. En 1995, le village a pris le nom Si Don Leuang, emprunté à l'île en face.
En 1999 : 64 maisons : 34 Lao - Leu
30 Iko (Montagnards)

. **Archéologie**: Préhistoire
Protohistoire

166. HOUAYLOM (Chabou)

. **Toponymie** : Houay = Rivière
Lom = Vent

. **Histoire** : Venant de Chaho (District Tonpheung) (à deux heures à pied vers l'intérieur), ils sont arrivés au site actuel en 1992 pour y trouver de meilleures terres. Ce sont des Mousseu (Sino-Thibétains).
Le village comprend deux parties :
En 1999 : 24 maisons :
- au bord du Mékong : 10 maisons
- à 15 minutes à l'intérieur : 14 maisons

143 habitants

. **Archéologie**: Période historique

167. GNANGKHAM (HouayHiKang)

. **Toponymie** : Gnang = Cigogne
Kham = Dorée
Houay = Rivière
Hi = Arbre
Kang = Moyen

. **Histoire** : Ils sont venus de Muangsin suite à la guerre, en 1968. En 1997, les Mousseu (Sino-Thibétains) sont arrivés de Nam Pha (District Meung) pour se livrer à l'agriculture. Le changement de nom du village a eu lieu en 1995.
En 1999 : 38 maisons: 27 Leu + 11 Mousseu

. **Archéologie**: Préhistoire
Période historique

168. LOUANGSINGCHAI (HouayHiGnai)

. **Toponymie** : Louang = Grand (Abréviation de Louang Nam Tha : leur ancien village)
Sing = de Mouang Sing (leur ancien village)
Gnai = Coeur

. **Histoire** : Fondé en 1968 suite à la guerre. Ils sont venus des villages cités supra + Dai, Viang Chai,...
Au début, deux ou trois familles Ho (chinois), puis les autres suivent.
En 1999 : 138 maisons (Lao Leu).

. **Archéologie**: Préhistoire
Période historique

169. HOUAYHON

. **Toponymie** : Houay = Rivière
Hon = Nom d'un animal semblable à la langouste

. **Histoire** : Ils sont installés depuis 1993 en ce lieu, venant d'une région difficile d'accès. Ils venaient de Phafa (District de Tonpheung).

170. TANG O

. **Toponymie** : Tang = Rapide, chute (En langue Leu)
O = Tourbillon (En langue Leu)

. **Histoire** : Dans le passé, il y avait là des campements birmans. Suite à la guerre, des Leu venus de Mouang Lan s'installent à Tang O. Au nord du village : des rapides dangereux appelés Keng O.
En 1999 : 53 maisons (Lao Leu).

. **Archéologie**: Préhistoire
Période historique

171. POUNLOH

. **Toponymie** : Pou = Crabes
Loh = Qui marchent
(= Les crabes qui marchent) ; nom de la rivière

. **Histoire** : Village de montagnards Iko, venus de Hatcha (à l'intérieur du pays). Cherchant de plus grands terrains de culture, ils se sont installés en 1999.
En 2000, le village comptait 7 maisons et 34 habitants.

. **Archéologie**: Préhistoire

172. HOUAYSAN

. **Toponymie** : Houay = Rivière
San = ?

. **Histoire** : Les villageois sont des montagnards Mousseu-Khao (= Mousseu blancs) et de Iko, venus de Hatcha. Le village fut fondé en 1995, par regroupement de populations perturbées par la guerre.
En 2000, il comptait une centaine de maisons.

. **Archéologie**: Préhistoire

173. PHAKHAO

. **Toponymie** : Pha = Falaise
Khao = Blanche

. **Histoire** : Leur village d'origine, sis à une heure de marche de l'actuel village, vers l'intérieur du pays, s'appelait Phadam = falaise noire. Ils ont changé le nom, car la falaise était plus

claire dans le nouveau site. Ce sont des Leu (gens de la Vallée).
Le village est connu pour ses tissages de nattes.
Le village comptait 40 maisons en 2000.

. Archéologie : Préhistoire
Période historique

174. DONMOUN

. Toponymie : Don = Ile
Moun = ?

. Histoire : Les gens sont venus de Xieng-Kheng, un des trois villages de l'extrême nord du Laos non visités à cause du danger des Rapides du fleuve. Pendant la guerre, ils avaient migré à Mouangmom (au sud de Tang O), puis - vu le développement de la population - ils se sont établis plus au nord. Ce sont des Lao - Leu.
En 2000, le village comptait 20 maisons.

. Archéologie : Préhistoire
Protohistoire
Période historique

175. CHOMSENG

. Toponymie : Chom = Sommet
Seng = Lumière
(= Clarté du sommet)

Certains villageois font observer qu'une source coule de ce site, sans pouvoir en dire plus.

. Histoire : Ce sont des Leu (= Lao de la Vallée).
Le village fut « fondé » en 1990 et comptait 26 maisons en l'an 2000.

. Archéologie : Préhistoire
Période historique

176. XIENGDAO

. Toponymie : Xieng = Novice bouddhiste occupé à méditer
Dao = Etoile (filante), qui apporte de bons présages.
Signifie aussi : Cité, lieu habité

. Histoire : Les gens sont des Leu (= Lao de la Vallée). Le village est dit avoir été fondé il y a deux générations.

177. XIENGKOK

. Toponymie : Xieng = Novice bouddhiste occupé à méditer
Kok = Base du tronc d'un arbre ; par extension : premier, origine première

. Histoire : Xiengkok est le chef-lieu de la région

178. KHALANG

. Toponymie : Khalang = Nom du Chef (de village)

. Histoire : Ce sont des montagnards Mousseu Houpoh. Quoique du même groupe Mousseu que les gens de Chayitay (179), ils ne célèbrent pas le Nouvel An le même jour.
Le village, « fondé » en 1992, comptait 20 maisons en l'an 2000.

. Archéologie : Préhistoire
Protohistoire

179. CHAYITAY

. Toponymie : Chayi = Nom du Chef (de village)
Tay = (Quartier) sud

. Histoire : Se sont des Mousseu, du Clan Houpoh. De ce clan, il n'existe que deux groupes au Laos.

. Archéologie : Préhistoire
Période historique

180. CHAYINEUA

. Toponymie : Chayi = Nom du Chef (de village)
Neua = (Quartier) nord

. Histoire : Ce sont des montagnards Kui, venus de Hatsa (à l'intérieur du Pays), à la recherche du fleuve pour faciliter l'écoulement de leurs produits.
En 2000, il y avait 28 maisons.

. Archéologie : Préhistoire
Protohistoire

2. Sites et Grottes

Les Sites

D'une manière générale, l'on peut considérer que toutes les localités dont les Notables citent l'existence d'un «ancien village» mériteraient de voir cet «ancien village» examiné sérieusement. Tout au long du parcours concerné en effet il a pu être observé une étonnante et remarquable récolte d'artefacts par les populations confirmant une permanence d'occupation de la plupart des villages depuis la venue du Néolithique. Ce constat se verrait évidemment renforcé par l'exécution de fouilles systématiques.

Lors de la visite des localités sises entre Vientiane et la frontière chinoise, les observation suivantes ont pu être effectuées dans des villages bien précisés :

De Vientiane a Luang Prabang

01. Houaychanh (05) : Artefacts en pierre et en bronze découverts dans le village actuel, en y creusant les fondations de maisons.

02. Paksao (09) : Au confluent de la rivière traversant le village et du Mékong, découverte de tessons de céramique ancienne.

A 100 mètres du village actuel, sur la grande route de Vientiane et ses abords, site de l'ancien village, on a découvert de nombreux tessons de céramique ainsi qu'un gong en bronze, à l'occasion de travaux routiers.

03. Pakphang (13) : Le site de l'ancien village se trouve au nord du village actuel.

04. Donsok (16) : En creusant des fondations dans l'actuel village, découverte fréquente de témoins du Passé.

05. Khokngiou (28) : Une stèle couverte d'écritures aurait été déterrée lors de travaux réalisés au nord du village actuel. Par ailleurs, de nombreux tessons de céramique se trouvent dans le sous-sol de l'actuel village. Grand Stupa (= monument funéraire) abandonné près du village.

06. Houaykhagneng (30) : Au sud du village actuel s'observent des fondations de l'ancien village.

07. Muang (34) : Des tessons de céramique ancienne sont fréquemment trouvés dans le sous-sol du village actuel.

08. Khokakha (43) : A l'occasion de travaux dans l'actuel village, découverte de scories de fourneaux du fer, de pipes anciennes, de jarres et de débris de céramique.

09. Talan (55) : Des tessons de céramique ancienne on été trouvés lors de travaux effectués au nord du village. Stupa en briques au nord du village

10. Thinxom (78) : L'ancien village se trouve au nord du village actuel : on y trouve des tessons de céramique ancienne.

De Luang Prabang a la Frontiere Chinoise

11. Sanok (81) : Le site de l'ancien village se trouve au nord du village actuel. C'était notamment un lieu de pique-niques et de rencontres pour les notables et les membres de la Cour royale de Luang Prabang, y inclus celle du dernier Roi.

12. Dan (82) : Il y aurait une inscription ancienne dans le Vat (= temple) du village.

13. Khok (88) : Il faut noter les fossés et les buttes du rempart de ce village.

14. Lathan (91) : Le site de l'ancien village se trouve au nord du village actuel.

15. Khokphou (92) : L'ancien village repose sous le village actuel ; il existerait des vestiges anciens : Bouddha en bronze, pipes anciennes, tessons de céramique,...

16. Kengkhen (94) : Dans le Vat du village est abrité une pierre avec inscription en langue birmane.

17. Bo (111) : Le site de l'ancien village se trouve au sud du village actuel : traces de rempart en terre d'une longueur approximative de 300 mètres ; ruines d'un ancien Vat ; vestiges de fours à briques.

18. Houaykha (112) : Le site de l'ancien village se trouve sur la rive opposée (droite) à celle du village actuel. On y fait toujours l'orpaillage. Cet ancien village comptait 13 Vat. A l'ouest du village actuel, il y a des restes bien conservés de remparts en terre.

19. Houaypo (125) : L'ancien village est situé à deux kilomètres à l'ouest de l'actuel village. On y observe des vestiges anciens : tessons de céramique, pipes...

20. Paksit (132) : L'ancien village est situé au sud du village actuel.

21. Khokmeuy (134) : Autour du village, l'on observe des restes d'occupations anciennes : ruines de Stupa.

22. Hatsa (142) : Aux limites (E-O-N) du village, remparts en terre, appelés « Khouvieng ».

23. Houayphalam (143) : L'ancien village se situe près de la source d'une rivière appelée «Phalam ».

24. Khoklouang (148) : L'ancien village se situe au sud du village actuel : vestiges y existant.

A 3,5 km du village actuel : ruine d'un Vat.

25. Dan (149) : Le village actuel repose sur un village préexistant : restes de pipes, de tessons de céramique,... Installée, dans le passé, sur la rive, une énorme statue en bronze du Bouddha serait tombée dans le fleuve.

26. Viangmay (150) : Sur trois côtés (N-S-E) du village, des remparts en terre sont encore visibles.

27. Namngao (155) : L'ancien village inclut les restes d'un Vat et d'un Stupa. Un Vat moderne est en activité.

28. Namgnonkao (156) : Le village était occupé autrefois par des birmans qui y ont laissé quelques traces : pipes, vestiges de céramique, etc.

29. Donkhoun (161) : Au nord du village actuel, près d'une rivière appelée Houay Ho : ruines de Stupa, pipes, tessons de céramique,...

30. Simouangngam (162) : Le village actuel repose sur un village préexistant ; restes de Stupa.

31. Houaytang (164) : A 1 km au nord du village actuel, vestiges de l'ancien village et d'un Stupa en pierre.

32. Sidonleuang (165) : Au nord du village actuel se trouvent les vestiges de l'ancien village.

33. Gnangkham (167) : Le village actuel repose sur un village préexistant : si l'on y creuse des fondations, on trouve souvent des vestiges de l'ancien village.

34. Louangsingchai (168) : Près du village actuel existent des ruines d'anciens Vat et de Stupa, ainsi que des vestiges de l'ancien village.

35. Chomseng (175) : Près du village, ruines d'un Vat qui, selon les habitants, daterait de trois siècles.

L'Analyse d'un Site : l'île de Don Hon

Dans l'entité administrative du District de Paklay se situe un site spécifique : lors de la visite du village de Nongkai (39), il apparut très rapidement qu'un site archéologique remarquable existait à proximité de cette localité. Les villageois faisaient état d'un village disparu et de ruines anciennes qui auraient appartenu à un établissement Bouddhiste dévasté, en des temps immémoriaux, par des envahisseurs : birmans, Ho,... Nul ne pouvait le préciser avec certitude lors des passages de la Mission.
Parallèlement à ces allégation relatives à la « Période historique », les villageois exhibèrent d'assez nombreux artefacts préhistoriques découverts sur l'île, exhibition qui militait pour une observation plus précise du site en question.

Remontant « in tempore », en voici le bilan :

PREALABLE : Le site est totalement positionné sur l'île de Don Hon. Le village, aujourd'hui entièrement disparu, occupait la partie septentrionale de cette île allongée, tandis que la partie méridionale, boisée et plus élevée, était réservée à un établissement bouddhiste dont subsistent un Stupa imposant, des Stupa plus modestes et les restes d'un Vat.

PERIODE HISTORIQUE : Rien ne demeure de l'ancien village abandonné au début du 20ième siècle vu l'invasion, de plus en plus agressive au fil des années, des eaux du Mékong.
La population se retira, très loin de Don Hon, dans la vallée du Namphoun, affluent du Mékong – emportant avec elle ses biens et divers vestiges de l'établissement Bouddhique, qui aurait été déjà ruiné au début du 20ième siècle. (Il aurait été détruit par les Ho au 19ième siècle). Le Service de la Culture de Paklay a enquêté auprès de cette population et a même organisé, à Paklay dans les années 1990, une exposition temporaire associant notamment des objets en bronze qui proviendraient du Monastère.

Au Service Culturel de Paklay sont conservés divers objets provenant de Don Hon et datant de la Période historique : parmi ceux-ci deux Bouddha en bronze du 16ième siècle retiennent l'attention. Tous deux, endommagés malheureusement, étaient conservés en 2000 dans les bureaux du Service de l'Information et de la Culture à Paklay. (notices 814 et 815, et Annexes 5 et 6). Ces deux statues auraient été volées dans l'après-guerre (1980 ?) par des gens de Muang qui en auraient caché une à Muang où on la récupéra, tête cassée. L'autre aurait été cachée dans une rivière proche appelée Houay Nampa et fut récupérée en 1994. Une vingtaine de statues en bronze du Bouddha auraient entouré le grand Stupa de Don Hon et ont progressivement «disparu». Une urne funéraire ancienne aurait été emportée aux USA par un militaire laotien au service de l'ancien régime.
En 1999 ne survivait du village de Don Hon qu'une immense plage de galets prospectée occasionnellement par des villageois (à l'occasion de l'orpaillage notamment) et à deux reprises (1998 et 1999) par la Mission de Prospection archéologique qui y observa des restants de fours à briques ayant probablement été utilisés pour la construction de l'établissement religieux Bouddhique. Des membres de la Mission découvrirent un couvercle de pot à bétel (notice 776), ainsi qu'un outil en bronze utilisé en tissage (notice 816). Une pipe (notice 911) provient également de cet ancien village.
L'établissement Bouddhique occupe la partie surélevée et boisée sise au sud de l'île. Il se caractérise par les ruines d'un Stupa important localisé à la jonction plage de galets – forêt proche du centre de l'île, et par les vestiges d'un Vat à huit (?) colonnes totalement investi par la végétation. Près de ce Vat s'observent des Stupa mineurs. Des briques et des pierres du Vat (notices 878, 879 et 880) ont été prélevées par le Service de la Culture de Paklay et y sont conservées.
Les photos et les plans joints en Annexes 7 et 8 illustrent cet établissement.

PERIODE PROTOHISTORIQUE : Les artefacts suivants, trouvés sur l'île de Don Hon, peuvent être rattachés à cette période :
- Pour mémoire, d'importants artefacts en bronze auraient été emportés au début du 20ième siècle par la population de l'ex village de Don Hon.
- 4 hachettes en bronze, conservées au Service de la Culture à Paklay (notices 525 à 528).

PERIODE PREHISTORIQUE : Cette période est bien représentée à Don Hon :

- 3 outils à tenon (notices 31-32-33), et
- 12 outils sans tenon (notices 147 à 158) ont été récoltés sur la plage à galets de l'île Don Hon, dont 5 par des membres de la Mission.
- 1 pointe de lance (notice 469), qui pourrait provenir du Sud de la Chine.
- 1 poids de filet de pêche (notice 468), (peut être protohistorique).

Sur la rive gauche du Mékong, proche de l'île Don Hon et du fleuve, s'ouvrent deux grottes dont l'une a pu être visitée, autorisant l'établissement d'un plan sommaire et la prise de photos (Annexe 9). Bien que remplie de guano de chauve souris, il a pu être observé en surface de cette grotte un outil de type «Sumatralithe » (notice 01).

L'autre grotte (non visitée), du nom de Tham Kaohao, serait très dangereuse. Elle comporte un gouffre avec rivière souterraine dont les eaux coulent dans le Mékong : « une noix de coco lancée dans le gouffre arrive écorcée dans le Mékong ». Cette grotte abriterait des statues anciennes du Bouddha. Elle se situe près du village Hatxaingam (Hatxai = banc de sable, Ngam = beau) occupé par des Montagnards y venus après la guerre dans les années 1980.

Les Grottes

En fonction de la géologie de la région concernée, particulièrement sur la rive gauche du Mékong, les grottes et abris sous roche s'avèrent nombreux. Ces abris naturels continuent à jouer un rôle important dans les croyances animistes et bouddhiques contemporaines.
Lors de la visite des localités sises entre Vientiane et la frontière chinoise, les informations suivantes ont pu être recueillies :

DE VIENTIANE A LUANG PRABANG

01. Thamphania : A 1 km de Khokmeuat (06)

« Surveillée » par les Moines du monastère local récemment fondé. Visitée par la Mission.

02. Pha Homthao : Au nord de Namhi (07)

Cette grotte abriterait des statuettes en bois du Bouddha et des objets sacrés. Dans le temps un bonze, ermite, habitait la grotte.

03. Pha Neung : Proche de Donhiang

Son nom signifie « Grotte des abeilles ». La grotte contient des statues, en bois et en stuc, du Bouddha.

04. Pha Kham : A 5 km de Donhiang

05. Pha Sao : Proche de Paksao (09)

La grotte abrite des statues de Bouddha et des objets de culte.

06. Pha Adam : Proche de Paksao (09)

07. Pha Pung : Proche de Paksao (09)

08. Pha Lat : A 2 km. de Paksao (09)

09. Phousak : Au nord de Donsang (21)

La grotte contient des statues du Bouddha. Elle est le siège d'un culte comportant des processions occasionnelles.

10. Thamsak : A 1 km à l'ouest de Namsak (25) ; A 7 km au sud de Paklay.

Cette grotte abrite des statues du Bouddha. Culte toujours actif.

11. Tham Nang Phom Hon : Proche de Bouaban et de Muangva (à 20 minutes en voiture de Paklay)

12. Tham Phabone : Proche de Namai et de Muangva.

13. Tham Khok Ngoa : Proche de Muang Pa, à 30 km. au nord de Paklay

14. Tham Lom : Proche de Muang Pa, à 30 km. au nord de Paklay.

15. Tham Pedongfa : Proche de Muang Pa, à 30 km. au nord de Paklay.

16. Tham Phrasieng : Proche de Muang Pa, à 30 km. au nord de Paklay.

17. Tham Khoa : A Muangliap (Phaliap) (37)

Grande grotte

18. Tham Phaliap : A Muangliap (37)

Abrite des statues Bouddhiques

19. Tham Pha Hon : A 1 km. du fleuve, rive gauche, à hauteur de l'extrémité sud de l'île Don Hon.

Grande grotte remplie de guano de chauve-souris. Visitée par la Mission. Plan de l'entrée relevé. Voir Annexe 9.

20. Tham Kaohao : Sur la rive gauche du fleuve, à hauteur de l'île Don Hon. Cette grotte serait dangereuse, vu l'existence d'un gouffre.

Entrée de la grotte = 30m.
Sa profondeur = 300m. (suivant les dires des villageois).
Abriterait des statues en bois, en bronze, en pierre du Bouddha et d'autres objets de culte.

21. (Nom inconnu) : Une grotte existerait à environ 20 km. de Pakbo (47)

22. Pha Deng : Grotte des environs de Pakphai (59)

23. Pha Phasan : Grotte des environs de Pakphai (59)

24. Pha Sanon : Grotte des environs de Pakphai (59)

25. Pha Khok-Hay : Grotte des environs de Pakphai (59)

26. Pha Hok : Grotte des environs de Pakphai (59)

27. Tham Rishi : A 5 km. de Pakphai (59), près de la piste de la rivière Houay Phai.

28. Tham Phadeng : A 12 km. de Pakphai (59), vers l'intérieur

Grotte sise sur une falaise proche d'un ancien village où aurait été trouvée l'étonnante étoile à 12 branches en pierre reprise en Vol. II sous notice 470. Cette grotte a été visitée par la Mission. Voir Annexe 10.

29. Tham Thani (= Grotte des Singes) : Proche du village Khoktom (63) Les dimensions en seraient :

Largeur	: 3 mètres
Hauteur	: 5 mètres
Profondeur	: 15 mètres

30. Pha Heung (Grotte des abeilles) : A 8 km. de Pakhao (66). La grotte abriterait des statues du Bouddha.

31. Tham Din : A 8 km. de Pakhao (66).

32. Tham Nhai : Proche de Hatkeo (68). Grande grotte.

33. (Nom inconnu) : A l'ouest de Saluan (79). La grotte abriterait environ 50 statues du Bouddha.

34. Région de Luang Prabang : Diverses grottes, bien connues des habitants de la région.

De Luang Prabang a la frontiere chinoise

35. Tham Houaphou : Proche du village Thinhong (84). Cette grotte a été fouillée par MM. Thongsa Sayavongkhamdy et Peter Bellwood. Son occupation remonterait à la période Hoabinhienne.

36. Tham Phanoy : A l'est de Thinhong (84).

37. Tham Din : A l'est de Thinhong (84).

38. Tham Phaho : A l'est de Thinhong (84).

39. Tham Phahong : A l'est de Thinhong (84).

40. Tham Phalong : A 4 km. à l'est de Khok (88). La grotte mesurerait 133 m (sic) de profondeur, son entrée aurait 10 m. de large.

41. Tham Kepgnai : A 2 km. à l'ouest de LatHan (91).

42. Tham Slok : A 2 km. à l'ouest de LatHan (91).

43. Tham Long : A 2 km. à l'ouest de LatHan (91).

44. Tham Pa Noy : A 1 km. de KhokPhou (92). On y a trouvé les squelettes de gens qui, intentionnellement, auraient été asphyxiés par la fumée d'un piment toxique. Quand ? Pourquoi ? (Il pourrait s'agir de faits survenus avant le Protectorat français, lors des incursions des « bandits Ho ». Voir à ce sujet la notice de la grotte **57**)

45. Tham Long : A 2 km. de Khokphou (92), près du Mékong. Grotte plus grande que Tham Pha Noy. Il y aurait des traces de fonte de minerais, ainsi qu'un cercueil ancien creusé dans un tronc d'arbre.

46. Tham Keb : Petite grotte située près de Khokphou (92) et du Mékong, à proximité de la montagne Phou Phao.

47. Tham Pheung : Petite grotte située près de Khokphou (92) et du Mékong, à proximité de la montagne Phou Phao.

48. Houay Tham : Grande grotte située à 2 km. au nord de Kengkhen (94).

49. Tham Phalak : A 10 km. au nord de Latkhamoun (95).

50. Tham Phadeng : A 10 km. au nord de Latkhamoun (95).

51. Tham Phalong : A 10 km. au nord de Latkhamoun (95). Cette grotte abriterait des statuettes du Bouddha et des cercueils. Il pourrait s'agir de la même grotte Tham Pha Long signalée au village Houaykoum (98) et où l'on précise qu'elle contiendrait des cercueils en bois d'animistes Khmou, ainsi que des urnes funéraires. La grotte se situerait près de la source de la rivière Houaykoum.

52. Tham Pha Pha : Proche de Houaykoum (98) et de la source de la rivière de même nom. La grotte se situerait dans une falaise. Statuettes du Bouddha.

53. Tad Houay Leng : A 7 km. de Lé (100), près de la chute d'eau Tad Houay Leng, se trouve un abri sous roche. Proche de la source de la rivière Houay Lun. Dans le temps, des ermites résidaient dans cet abri sous roche.

54. Tham Hatteu : Près de Hatteu (108). Nombreuses statuettes en bois du Bouddha.

55. Tham Houay Hang : Assez grande grotte près de Keng Hangnoy (109).

56. Tham Phouseua : Grotte sur la rive droite, en face de Bo (111).

57. Tham Phou Ngeuy : Grotte sur la rive droite, en face de Bo (111). Avant le Protectorat français, pendant les conflits avec les Ho, les villageois se cachèrent dans les grottes. Les Ho, les ayant découverts mirent le feu dans la grotte pour les asphyxier : il y eut beaucoup de morts. Voir grotte **44**.

58. Tham Houayoung : Grande grotte à l'ouest de Houaylao (118). Pendant la guerre du Vietnam, les villageois s'y sont réfugiés.

59. Tham Phadeng : A 5 km. au nord de Pakkhen (122).

60. Tham Ting : A 7 km. au nord de Houayngeuy (124).

61. Tham Pha Houayngao : Près de La (127).
Sanctuaire Bouddhique : les villageois de plusieurs villages y viennent chaque année, en avril, célébrer une cérémonie religieuse.

62. Tham Houayting : A 4 km. de La (127).

63. Tham Phamat : Grotte, de taille moyenne, près de la source de la rivière Houayset.

64. Tham Phanoun : A l'ouest de Kontun (138).

65. Tham Houay Din Deng : A 1 km. au sud de Hatsak (139), au pied de la montagne Phoudam.

66. (Nom inconnu) : Une grotte existerait à 8 km. de Kengphak (140).

67. Tham Yout : Dans la chaîne de montagnes Phouphamoun, assez proche de Houay Sanguk (144).

Dans cette grotte vinrent des français à l'époque coloniale, dans l'espoir d'y trouver de l'or.

68. (Nom inconnu) : Sur la rive droite du fleuve, dans la région de Phadang, (en face de Houaythong) (147), existe une grotte abritant 4 ou 5 statues du Bouddha.

28. Phadeng

3. Note sur l'artisanat traditionnel

Les perturbations dues à la seconde guerre mondiale et à la plus récente guerre du Vietnam n'ont pas encouragé le développement de l'artisanat traditionnel : beaucoup de villages ont disparu, souvent à tout jamais : d'autres, abandonnés par leur population d'origine, ont été réoccupés par des populations venues d'ailleurs, parfois d'un ailleurs très éloigné, populations elles aussi déracinées. Le tourisme envahissant, le modernisme incontrôlé rayonnant des pays voisins : Thaïlande, Myanmar ajoutent leurs négativismes à ce constat initial.

Ceci explique que les expressions d'un artisanat traditionnel sont devenues rares, et plus fragiles encore qu'auparavant.
Qu'ont pu observer les membres de la Mission dans les 180 localités riveraines du Mékong, visitées entre Vientiane et la frontière chinoise ? :

. Particulièrement sur le bief Vientiane – Luang Prabang, des femmes, usant de métiers rudimentaires, tissent le coton - toujours filé à la main dans l'extrême nord du Pays - en bandes plus ou moins larges qui, une fois assemblées, forment des pièces de tissus utilisables. Les dessins de ces tissus se limitent généralement a des carrés de deux couleurs uniquement. Ces tissus - face à la concurrence des tissages industriels locaux et importés - sont de plus en plus vendus dans les villes touchées par le tourisme, ce qui n'était certes pas leur destination première.
. Sur le plan des «techniques rurales», l'on a pu observer d'ingénieuses et efficaces petites machines agricoles réalisées avec des moyens locaux :
 - machine à décortiquer les arachides.
 - machine à décortiquer le riz.
. Pour le transport plus ou moins lointain (60 km) de charges à apporter des villages de montagne de l'intérieur, les villageois utilisent de robustes mules menées en caravanes.
. Dans quelques villages, un éléphant domestiqué assume les gros travaux. Ceci ne s'est vérifié qu'à deux reprises.
. A de très rares occasions, le transport de charges sur des traîneaux tirés par des buffles a également été observé.
. Sur le plan de la pêche, souvent trop intensive le poisson étant devenu rare, les pêcheurs villageois utilisent de très nombreuses méthodes de pêche disposant d'un outillage artisanal des plus variés.
. La confection de canots (pirogues) a pu être observée sur certains bancs de sable bordant le Fleuve. Les « canots rapides » (speedboats) aux moteurs tonitruants remplacent de plus en plus les pirogues traditionnelles.
. L'utilisation ingénieuse d'un obus désamorcé de l'artillerie américaine (105mm) en guise d'enclume par un forgeron villageois n'a pas manqué de quelque peu étonner. Il en est de même des containers de « bombes-billes » récupérés et utilisés à des fins multiples allant de la planche à légumes à la pierre de seuil.

Il importe par ailleurs de dénoncer l'affligeant pillage de biens culturels traditionnels en tous genres (pierres préhistoriques, haches de bronze, monnaies Lat, poids, balances, pipes en terre cuites,...) effectué au départ de brocanteurs urbains et de « villages touristiques » pourtant officiellement agréés.

Arachides

Tissage

Riz

Eléphant de trait

4. Note sur les croyances des populations relatives aux outils en pierre et en bronze

Dès la Mission Exploratoire (1997), les membres de la Mission avaient constaté que nombre de villageois, attribuant des propriétés magiques aux outils préhistoriques en pierre, déposaient ceux-ci au fond des jarres conservant le riz de leur récolte. Ils prétendent que non seulement cela protège le riz, mais également que cela freine sa consommation : les jarres protégées par ce talisman se tarissent moins vite que celles non munies de tels outils en pierre. Pareil constat qui s'était amplement confirmé tout au long de la Mission 1998 l'a été tout autant au cours des Missions 1999 et 2000 effectuées au nord de Vientiane. Il fut souvent nécessaire, au cours des Missions susdites, de nettoyer la « patine de riz » enrobant les outils taillés avant de les analyser et de les photographier. Par ailleurs, à deux reprises, il ne fut pas possible aux informateurs de préciser l'origine d'un outil en pierre, car il provenait du sac de riz d'un commerçant de passage: ces outils avaient été inclus au riz commercialisé depuis des jarres « familiales ».

Ce rôle de protection des outils préhistoriques en pierre est encore perçu lorsqu'on les rencontre associés à un dépôt de vieux fers cachés dans une jarre enterrée par un villageois d'antan (notices 11-12-13-842).

Autre croyance – que l'on observe également dans d'autres parties du Monde, notamment en Afrique occidentale – celle de croire que l'outil en pierre a été lancé contre un arbre à foudroyer par les Forces dominant le Monde. Rôle donc de « pierre à foudre ».

Une autre croyance, fort étonnante, a pu être observée : beaucoup de villageois se livrent à la chasse aux taupes dont la chair tendre est appréciée. En chassant, l'on ouvre généralement à l'aide d'outils agricoles (dont les « mini-bêches » au profil d'origine préhistorique) les innombrables galeries creusées par les taupes. Ce faisant, il arrive fréquemment que des outils en pierre soient trouvés. Et les villageois de conclure : « Ces pierres font partie de la nourriture des taupes ». Une telle conclusion est moins sotte qu'il n'apparaît à première vue, si l'on sait qu'à diverses occasions il a pu être observé que des rongeurs aiguisaient leurs dents sur des pierres (y inclus des outils préhistoriques) enterrées. (notices 295-357).

Dans divers villages riverains de l'extrême nord du bief fluvial laotien, les habitants attribuent des qualités prophylactiques aux outils en pierre, particulièrement pour le traitement des hémorragies (blessures, saignements de nez,...) : habilement utilisés par le guérisseur sur le corps du patient, ils arrêtent net les pertes de sang...

Fréquemment, les possesseurs d'outils en pierre avaient beaucoup de difficultés à accepter la fonction « d'outil » de ces pierres lorsque des membres de la Mission tentaient de la leur démontrer.

En suivi des outils préhistoriques en pierre, les outils protohistoriques en bronze ont également un rôle de protection, voire un rôle énergétique. Notamment lorsqu'on observe une hachette en bronze associée – avec ce qui fût une plaque en bronze – à un phallus en stéatite soigneusement dissimulé dans les racines d'un vieil arbre.

Il en est de même dans l'attitude de villageois d'aujourd'hui qui font transformer des hachettes en bronze découvertes par eux en bagues destinées à assurer leur protection.

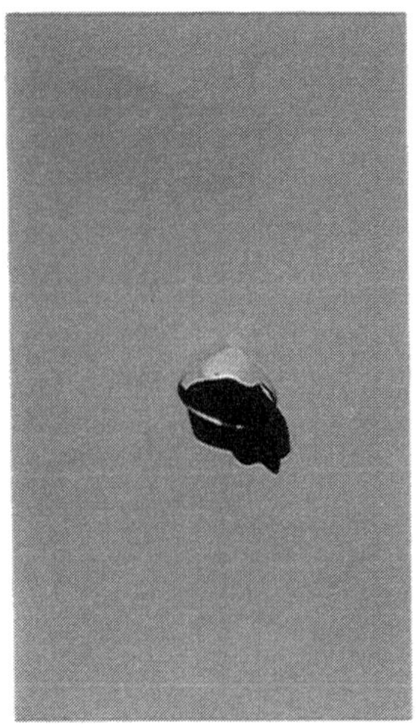

Bague

II. DONNEES ARCHEOLOGIQUES

1. Age de la Pierre

NOTE :

Les pourcentages exprimés dans les Figures et Tableaux qui suivent ont été réduits à la seule fraction décimale, ce qui explique une légère irrégularité dans l'expression de leur total.

1. Age de la Pierre

La « pierre travaillée » est bien représentée dans la vallée laotienne du fleuve Mékong entre Vientiane et la frontière chinoise.

> En effet, 478 documents préhistoriques ont pu être observés au départ de 109 des 180 localités offrant un potentiel archéologique, soit un taux de 60,5%.
> Il s'agit forcément ici d'une sous-évaluation, tant il est évident que, lors des visites effectuées dans les localités, la totalité de leurs résidants ne pouvait être contactée, ce qui implique qu'un assez grand nombre de documents archéologiques - dont des « pierres travaillées » - n'ont pu être observés.

Il se confirme donc que ce bief fluvial était intensément habité lors du dernier âge de la Pierre, souvent qualifié de Néolithique. La quasi-totalité des pierres observées se rattache en effet à cette période. La découverte de trois outils relevant indiscutablement du Hoabinhien atteste cependant une présence humaine antérieure au « Late Stone Age » dans cette région importante du nord Mékong laotien.

La Collection Observee

. Les 478 documents préhistoriques observés se répartissent comme suit :

3 outils prénéolithiques

111 outils à tenon

350 autres outils

14 documents divers remarquables : bracelets, anneaux de parure, pointes de lance, poignard, socs de charrue, étonnante pierre « travaillée en étoile » à la destination imprécise, fusaïole en terre cuite pouvant se référer à l'Age de la pierre.

. L'on s'est gardé d'utiliser le mot « hache » pour désigner, comme on le remarque souvent, l'ensemble des outils préhistoriques. Ceci s'avère d'autant plus pertinent qu'il est vraisemblable que la hache - au sens technique du mot - devait être relativement rare dans les régions concernées. Beaucoup d'outils observés semblent s'être prêtés à d'autres usages : houes agricoles, herminettes, burins,...

Observations Typologiques

A. Outils Prénéolithiques

Trois outils prénéolithiques ont pu être observés (notices 1,2,3). Deux de ces outils se réfèrent aux Sumatralithes, tels que décrits par Higham, le troisième - taillé d'un côté sur ses deux faces - rappelant ce que l'on s'est accoutumé de qualifier, depuis Colani, de Bacsonien.
Pour éviter d'oiseuses querelles de définition, l'on peut les classer tous les trois dans l'ère Hoabinhienne, laquelle ne semble pas dépasser in tempore 9.000 ans avant notre ère.
Les trois outils concernés ont tous été découverts en surface :

- Le premier, de type Sumatralithe, dans la grotte Tham Don Hon, proche de l'île du même nom entre Paklay et Luang Prabang
- Le second, de type Bacsonien, trouvé à très faible profondeur lors de l'orpaillage, sur la rive droite du Fleuve, en amont de Luang Prabang.
- Le troisième, de type Sumatralithe, sur la rive gauche du Mékong au sud de Houayxay.

Trois autres outils observés n'ont été polis que sur leur tranchant ; ils pourraient être qualifiés, comme le fait Higham, d'outils Bacsoniens partiellement polis (notices 147 - 290 - 442). Ils ont cependant été classés parmi les outils sans tenon.

B. Outils à Tenon

1. Longueur

L'analyse de la longueur de 110 outils à tenon (sur une collection de 111) révèle que la majeure partie d'entre eux (95 outils, soit 86,4%) se situe entre 4 et 9 cm de long suivant détail ci-après :

De 3 à 4	cm :	4 outils	(3,6%)
De 4 à 5	cm :	27 outils	(24,5%)
De 5 à 6	cm :	26 outils	(23,6%)
De 6 à 7	cm :	19 outils	(17,3%)
De 7 à 8	cm :	13 outils	(11,8%)
De 8 à 9	cm :	10 outils	(9,1%)
De 9 à 10	cm:	4 outils	(3,6%)
De 10 à 11	cm :	4 outils	(3,6%)
.../...			
De 14 à 15	cm :	1 outil	(0,9%)
De 15 à 16	cm :	2 outils	(1,8%)

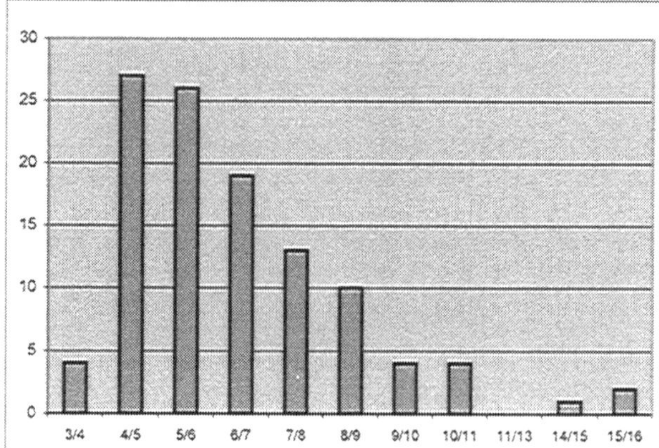

Figure 1: Répartition de la longueur

Les outils à tenon les plus grands présentent généralement une facture plus soignée et une recherche nettement plus équilibrée des proportions de l'outil que celles observées pour les outils de taille plus petite. Ceci confirme une parfaite maîtrise de leur art par les tailleurs de pierre, particulièrement pour les outils les plus grands que l'on peut chronologiquement situer dans la dernière phase du « late stone age ».

2. Profil facial

Sur les 111 profils faciaux d'outils à tenon observés, 55,9% possèdent un tenon taillé à angle droit, tandis que les autres 44,1% possèdent un tenon plus arrondi dans sa jonction avec le corps principal de l'outil.
Parmi ces outils à tenon plus arrondi, 24,5% sont de nature très fruste. Typologiquement, ils pourraient dériver des outils à profil sans tenon et semblent avoir précédé les outils à tenon taillé à angle droit.

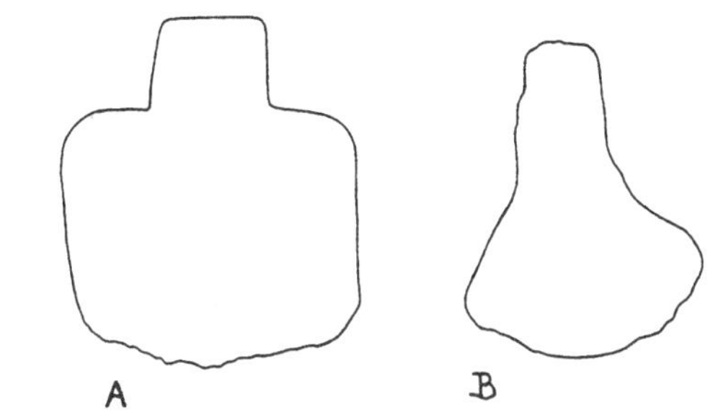

Figure 2 : Profils faciaux : A. à tenon taillé à angle droit
B. à tenon arrondi

3. Profils latéraux

L'étude des profils latéraux de l'outillage en question, réalisée sur 105 outils à tenon (sur 111 de la collection), aide à la compréhension de l'outil :

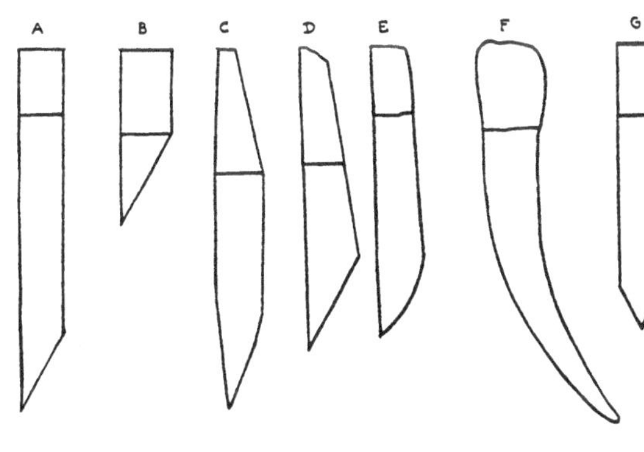

Figure 3 : Profils latéraux

C'est le profil B qui prédomine avec 33 documents (31,4%) ; ce profil exprime en fait le renforcement, pour des travaux plus lourds, du profil A pour lequel on observe 31 documents (29,5%).
Les profils C (3 outils), D (4 outils), E (21 outils) totalisant 28 documents (26,7%) semblent également dériver du profil A. L'on notera le remarquable profil F (2 documents 1,9%) où l'artisan de la pierre a étonnamment utilisé la courbe naturelle de celle-ci. Le profil G, renforçant le tranchant en le situant de manière médiane à l'extrémité de l'outil, rassemble 11 documents (10,5%).

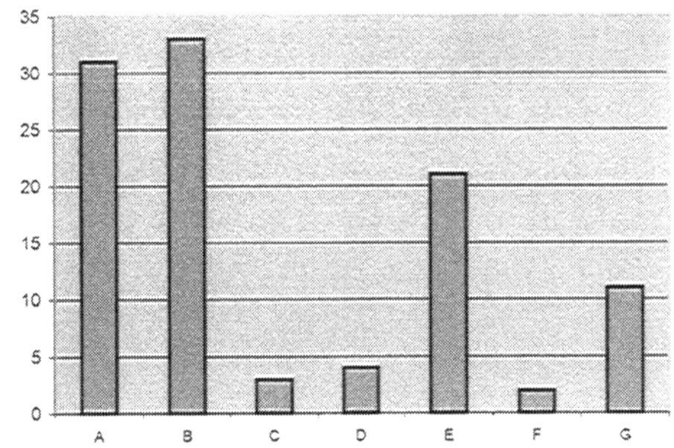

Figure 4 : Importance quantitative des profils latéraux

4. Profondeur potentielle de pénétration

Le relevé centimétrique de la profondeur potentielle de pénétration (potential depth of penetration) de chaque outil à tenon a été effectué. Il s'obtient en soustrayant de la longueur totale de l'outil la longueur du tenon. La statistique à ce sujet se présente comme suit pour 110 outils (sur 111 de la collection) :

De 01 à 02 cm :	7 outils	(6,4%)
De 02 à 03 cm :	32 outils	(29,1%)
De 03 à 04 cm :	21 outils	(19,1%)
De 04 à 05 cm :	24 outils	(21,8%)
De 05 à 06 cm :	10 outils	(9,1%)
De 06 à 07 cm :	7 outils	(6,4%)
De 07 à 08 cm :	2 outils	(1,8%)
De 08 à 09 cm :	4 outils	(3,6%)
De 09 à 10 cm :	------	------
De 10 à 11 cm :	1 outil	(0,9%)
De 11 à 12 cm :	-----	------
De 12 à 13 cm :	2 outils	(1,8%)

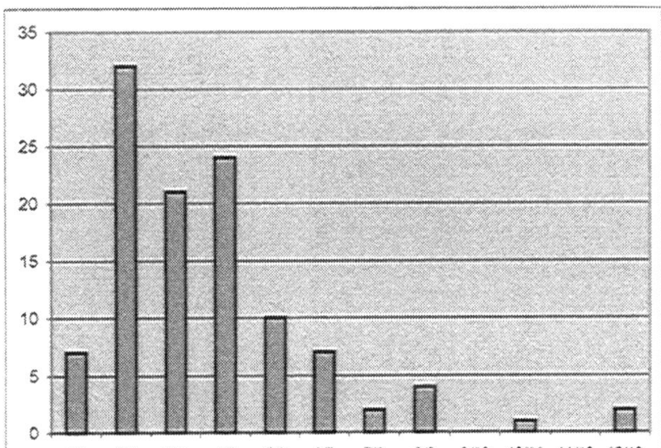

Figure 5 : Profondeur potentielle de pénétration

Il est intéressant de constater que la profondeur potentielle de pénétration des outils à tenon s'inscrit principalement entre 2 et 6 cm, ceci pour 87 des 110 outils considérés, soit un taux de 79,1%.

5. Corde du tranchant

La Figure 6 présente la mesure de la corde du tranchant des outils à tenon.

Les données statistiques à ce sujet sont les suivantes pour 110 outils (sur 111) :

De 02 à 03 cm :	4 outils	(3,6%)
De 03 à 04 cm :	28 outils	(25,5%)
De 04 à 05 cm :	38 outils	(34,5%)
De 05 à 06 cm :	25 outils	(22,7%)
De 06 à 07 cm :	12 outils	(10,9%)
De 07 à 08 cm :	2 outils	(1,8%)
De 08 à 09 cm :	1 outil	(0,9%)

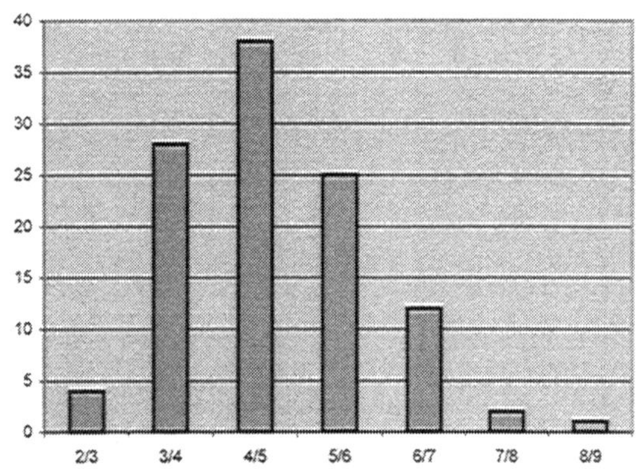

Figure 6: Corde du tranchant

La quasi totalité des outils à tenon (103 outils / 93,6%) connaît une corde du tranchant s'échelonnant entre 3 et 7 cm.

Cette Figure 6 pourra être rapprochée de la Figure 11 précisant la mesure de la corde du tranchant des outils sans tenon.

Fonctions de cet outillage

L'étude des profils, celle de la profondeur potentielle de pénétration et celle de la mesure de la corde du tranchant de cette collection de 111 outils à tenon confirme que la fonction de cet outillage était loin de se limiter à celle de la « hache classique » comme il est fréquemment affirmé à l'examen de collections d'outils préhistoriques.

Un grand nombre de ces outils à tenon ont dû être utilisés comme herminettes, les outils les plus longs et les plus robustes ayant pu être utilisés en tant que houes agricoles.

Si l'herminette est généralement utilisée pour travailler des matériaux durs (bois, par exemple) ou pour « déchirer » des matières (par exemple, écorcer du bois ou dépiauter des dépouilles d'animaux), il n'est pas exclu que des outils lui apparentés aient pu se voir utiliser pour casser les croûtes dures d'un sol agricole, particulièrement en fin de saison sèche, ou pour sarcler des plantations. D'autres éléments militent en ce sens ; il y sera revenu en traitant ultérieurement - pour l'ensemble de l'outillage lithique observé – des lieux de découverte de celui-ci.

C. Autres Outils

1. Longueur

L'étude de la longueur de 340 outils (sur 350 autres outils - sans tenon exprimé - de la collection observée) indique que ceux compris entre 4 et 13 cm constituent 86,8% (295 outils) de l'ensemble. Ce pourcentage tombe à 78,5% (267 outils) si l'on ne retient que les outils compris entre 5 et 12 cm de longueur.

Voici la statistique détaillée à ce sujet :

De 3 à 4 cm :	1 outil	(0,3%)
De 4 à 5 cm :	14 outils	(4,1%)
De 5 à 6 cm :	25 outils	(7,4%)
De 6 à 7 cm :	44 outils	(12,9%)
De 7 à 8 cm :	63 outils	(18,5%)
De 8 à 9 cm :	48 outils	(14,1%)
De 9 à 10 cm :	40 outils	(11,8%)
De 10 à 11 cm :	28 outils	(8,2%)
De 11 à 12 cm :	19 outils	(5,6%)
De 12 à 13 cm :	14 outils	(4,1%)
De 13 à 14 cm :	7 outils	(2,1%)
De 14 à 15 cm :	10 outils	(2,9%)
De 15 à 16 cm :	4 outils	(1,2%)
De 16 à 17 cm :	9 outils	(2,6%)
De 17 à 18 cm :	3 outils	(0,9%)
De 18 à 19 cm :	3 outils	(0,9%)
De 19 à 20 cm :	3 outils	(0,9%)
.../...		
De 22 à 23 cm :	2 outils	(0,6%)
De 24 à 25 cm :	1 outil	(0,3%)
.../...		
De 26 à 27 cm :	1 outil	(0,3%)
.../...		
De 30 à 31 cm :	1 outil	(0,3%)

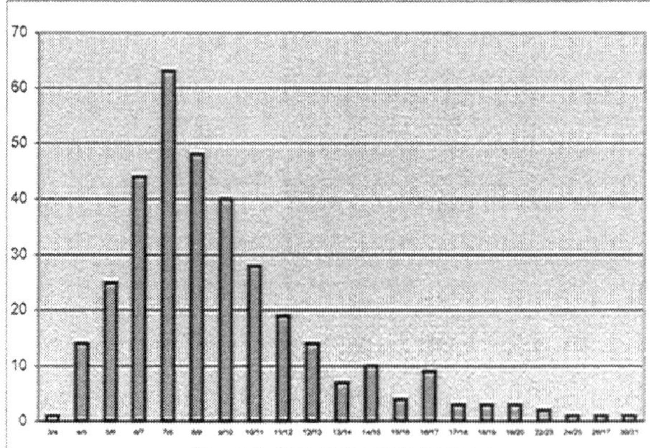

Figure 7: Répartition de la longueur

2. Profil facial

La Figure 8 illustre quelques-uns des profils faciaux les plus fréquemment observés dans cette partie de la collection rassemblant 350 outils sans tenon exprimé. L'on peut se référer aux illustrations du Volume II pour obtenir des données quantitatives à ce sujet.

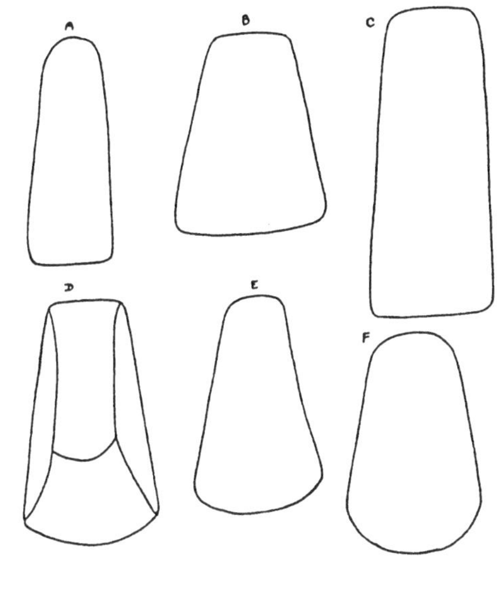

Figure 8 : Profils faciaux

3. Profil latéral

Comme ce fût le cas pour les outils à tenon, l'étude des profils latéraux de cette partie de la collection observée aide à la compréhension de l'usage des outils.
La Figure 9 illustre les trois profils les plus fréquemment observés (ce qui n'exclut pas certaines variantes).

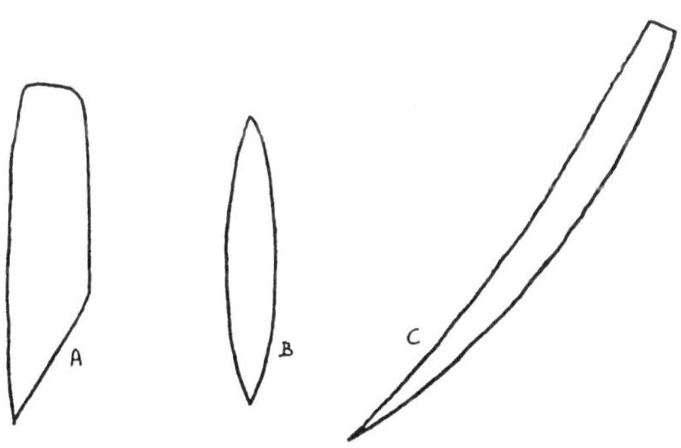

Figure 9 : Profils latéraux

Les données statistiques, synthétisées par la Figure 10, expriment l'importance quantitative des divers profils latéraux pour 337 des 350 outils de cette collection :

Profil A :	70 outils	(20,8%)
Profil B :	258 outils	(76,5%)
Profil C :	9 outils	(2,7%)

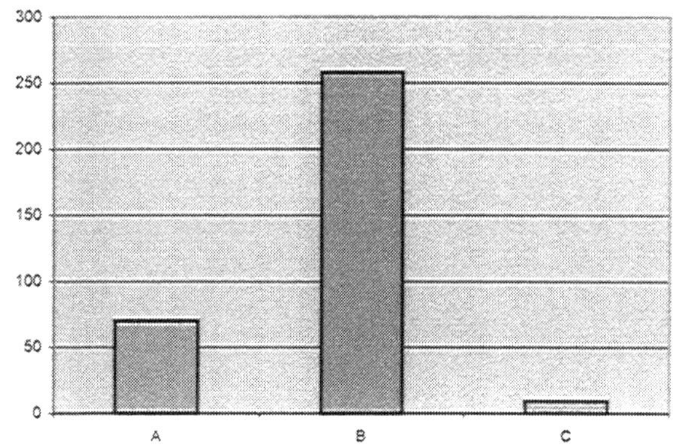

Figure 10 : Importance quantitative des profils latéraux

4.Corde du tranchant

Les données statistiques concernant la mesure de la corde du tranchant des outils sans tenon exprimé sont les suivantes pour 343 outils (sur 350) :

De 1 à 2 cm :	9 outils	(2,6%)
De 2 à 3 cm :	33 outils	(9,6%)
De 3 à 4 cm :	103 outils	(30,0%)
De 4 à 5 cm :	120 outils	(35,0%)
De 5 à 6 cm :	60 outils	(17,5%)
De 6 à 7 cm :	13 outils	(3,8%)
De 7 à 8 cm :	5 outils	(1,5%)

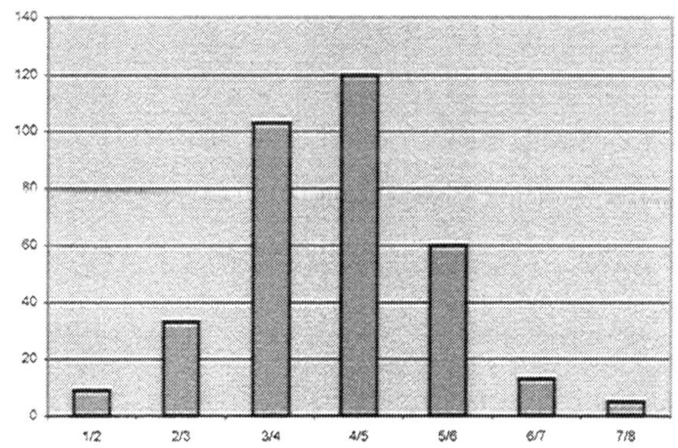

Figure 11 : Corde du tranchant

Il est intéressant de faire le parallèle entre les présentes données et celles concernant la corde du tranchant des outils à tenon :

	Outils à tenon (110)	Outils sans tenon (343)
De 3 à 4 cm :	25,5%	30,0%
De 4 à 5 cm :	34,5%	35,0%
De 5 à 6 cm :	22,7%	17,5%
De 3 à 6 cm :	82,7%	82,5%

Fonctions de cet outillage

Comme ce fut le cas pour les outils à tenon exprimé, l'étude de cette collection de 350 outils à tenon non exprimé observée sur le bief fluvial du Mékong entre Vientiane et la frontière chinoise confirme que cet outillage fut utilisé à des fins diverses.
S'il semble apparaître que la grande majorité des ces outils fut utilisée à des fins agricoles (particulièrement en tant que houes), d'autres furent manifestement utilisés en tant que hache « classique ». L'étude des méthodes de fixation de cet outillage à des manches, vraisemblablement en bois, demeure à faire. L'observation des lieux de découverte des outils contribuera à une meilleure compréhension de leur utilisation.

OBSERVATIONS COMMUNES AUX OUTILS A TENON ET AUX AUTRES OUTILS

1. Lieux de découverte de l'outillage lithique

Il est précisé ci-après les lieux de découverte des outils avec et sans tenon exprimé. Cette information a été recueillie de la bouche même des propriétaires de l'outillage en question et s'avère digne de foi.

Lieu de découverte	Outils à tenon		Outils sans tenon exprimé		Outils Total	
		%		%		%
Champs	33	29.7	100	28,6	133	28,9
Dans le village	19	17,1	55	15,7	74	16,1
Mékong (orpaillage)	25	22,5	49	14,0	74	16,1
Mékong (rives)	10	9,0	27	7,7	37	8,0
« Du village »	9	8,1	49	14,0	58	12,6
?	15	13,5	70	20,0	85	18,4
	111	100	350	100	461	100

Commentaires

- Près de 29% de l'outillage lithique est déclaré avoir été découvert dans les champs actuellement exploités des villages riverains du Mékong. Ces champs sont généralement situés sur les terrasses supérieures de la berge du fleuve, et parfois aussi à une certaine distance de celui-ci. Dans le présent cas, tout indique l'utilisation de cet outillage à des fins agricoles.
- Plus de 16% des outils ont été découverts sur les sites mêmes des villages, confirmant ainsi une très ancienne constance dans leur occupation. Tout porte à croire qu'il s'agissait essentiellement - ici aussi - d'outils utilisés à des fins agricoles
- Plus de 24% des outils observés sont dits provenir des berges mêmes du Mékong. Il s'est vérifié à diverses reprises que ces outils sont « descendus », suite à l'érosion due aux pluies et aux eaux du fleuve, des terrasses supérieures des rives, et des plates-formes limoneuses où s'effectuent depuis des temps immémoriaux les champs temporaires de l'époque des basses-eaux.
- Plus de 12% des outils sont dits « provenir du village » (par opposition à une éventuelle importation contemporaine d'autres régions) ; ils peuvent être considérés comme provenant des sites précités, essentiellement locaux.

Si 85 outils (18,4%) n'ont pu voir leur lieu de découverte localisé, principalement car ils sont transmis par héritage familial de génération en génération, le solde des 376 autres (81,6%) connaît des lieux de découverte relativement bien établis. Pareil constat autorise par conséquent la qualification de « sites préhistoriques » pour une majorité des villages du bief fluvial Vientiane – frontière chinoise : 60,5% des localités visitées (109 villages sur 180).

2. Année de découverte des outils lithiques

La population villageoise a pu informer les membres de la Mission quant à « l'année de découverte » de 306 outils (sur un total de 461). Ce type d'information doit cependant être accepté avec une grande prudence quand l'on sait le relativisme qu'il convient de réserver à l'usage du calendrier grégorien par des populations utilisant fréquemment d'autres systèmes chronologiques de référence. Aussi faudra-t-il accepter comme « indications de tendance » les données qui suivent :

Période 1945 et avant	:	10 outils
1946/1955	:	4 outils
1956/1965	:	1 outil
1966/1975	:	14 outils
1976/1985	:	77 outils
1986/1995	:	81 outils
1996	:	18 outils
1997	:	20 outils
1998	:	41 outils
1999	:	37 outils
2000	:	3 outils
Provenant d'héritages	:	90 outils
Période inconnue	:	65 outils

Suite à l'érosion continue des berges du fleuve, des outils lithiques apparaissent constamment en bordure du fleuve, ce qui explique le nombre assez important de documents découverts récemment : 119 outils entre 1996 et 2000, soit 38,9% des outils pour lesquels une chronologie de découverte a été avancée. Dans cette catégorie se rangent également des découvertes plus ponctuelles dans les lieux déjà précédemment évoqués.
Le nombre de 90 outils (soit 19,5% de la collection des 461 outils analysés) provenant d'héritages, et souvent conservés dans le coffre des « Trésors familiaux », donne également à penser sur l'ancienneté et la continuité des trouvailles.

3. Usure des outils

Une très nette majorité des outils observés - de l'ordre de 90% - porte des traces d'utilisation, se marquant généralement par un tranchant plus ou moins ébréché. Certains sont même cassés suite à un usage trop percutant : cette cassure facilite parfois la compréhension de l'utilisation de l'outil. Le dispositif de fixation à un manche marque parfois, lorsqu'il existe, des traces d'utilisation. Quelques outils semblent avoir eu leur tranchant, probablement trop ébréché, retaillé.

Problèmes relatifs à l'Age de la pierre

1. D'où provient l'outillage lithique observé ?

L'abondance de l'outillage observé donne a priori à penser à une production locale du dit outillage. Malgré une attention particulière, aucun atelier de taille, aucun polissoir n'a pu cependant être observé sur le bief considéré. Par ailleurs, le fait de nombreuses traces d'usage, et même pour certains outils de retouches du tranchant ultérieures à leur fabrication, milite pour une certaine rareté de cet outillage. La question se pose dès lors de savoir si cet outillage aurait été « importé » - en tout ou en partie - dans la région concernée.

2. Outils à tenon

La question se pose de savoir si les outils à tenon exprimé étaient - ou non - contemporains des outils sans tenon exprimé.
En outre, ces deux catégories typologiques provenaient-elles des mêmes sources ? Ces deux catégories étaient-elles complémentaires ou pouvaient-elles être utilisées indifféremment ?

3. Datation

En l'absence de toute stratigraphie connue, ou d'association à des dépôts permettant une datation au C14, à la thermoluminescence ou à d'autres techniques appropriées, dans la région considérée, aucune datation « sûre » n'est actuellement possible.

Certes, par comparaison typologique avec des documents similaires qui ont pu être valablement datés dans des régions plus favorisées du sud-est asiatique, des datations « relatives » peuvent être avancées. Il n'en demeure pas moins que seules des datations réalisées au départ de la région concernée auront vraiment valeur de référence.

Les datations « relatives » pouvant être avancées sont les suivantes :

A. Les trois outils prénéolithiques, déjà évoqués, peuvent se voir classer dans l'ère Hoabinhienne qui, suivant les datations rapportées par Higham, s'étalerait entre le 5ième et le 9ième millénaire avant notre ère.

B. Si trois autres outils « partiellement polis » peuvent se voir rattachés à l'ère Bacsonienne, laquelle prendrait fin vers le 5ième millénaire avant notre ère, la totalité de l'outillage observé se rattache au Néolithique (inférieur, moyen et supérieur). Le Néolithique moyen et supérieur paraît le mieux représenté dans l'importante collection observée.
Toujours suivant les datations rassemblées par Higham, le « coastal neolithic » (le seul pour lequel des datations semble disponible) débuterait vers le 5ième millénaire avant notre ère pour se perpétuer jusqu'au 1ier millénaire avant celle-ci.
Dès 1974 Saurin et Carbonnel précisaient que l'outillage attribué au Néolithique suivrait immédiatement « in tempore » celui du Bacsonien, confirmant ainsi une activité humaine permanente depuis près de dix millénaires dans la région considérée.
Il n'est pas interdit de penser que le Néolithique se soit assez longuement perpétué après notre ère dans la vallée concernée.

Le M. S. « NATTHICHALEUNPHONE » (= *« La prospérité du fleuve »*), utilisé par la Mission de Prospection entre Vientiane et Tang O (1998 – 1999)
Chef Batelier : SOUVANH

D. Documents Exceptionnels

1. Etoile à douze branches, en pierre

Notice 470

Dimensions	: Diamètre intérieur	: 1,9 cm
	: Diamètre médian	: 2,4 cm
	: Diamètre extérieur	: 11,6 cm
Poids	: 250 gr	
Aspect	: Document poli, avec très forte patine.	

Fonction : Bien que la typologie de ce document rappelle quelque peu les casse-têtes en pierre observés en Amérique centrale et du sud, rien ne permet cependant d'assimiler cet objet à une arme : les branches de l'étoile s'avèrent trop fragiles pour connaître des chocs violents ; le diamètre intérieur (1,9 cm) n'autoriserait pas l'utilisation d'un manche en bois suffisamment solide pour être efficace. Le fait que ce document, malgré de nombreuses recherches depuis sa découverte en 1998, demeure unique ne milite pas non plus pour le ranger dans la catégorie des armes, lesquelles s'avèrent rarement être des pièces uniques.
L'existence, sur cette étoile en pierre, de douze branches – rappelant les douze branches de l'étoile figurant sur les tambours de bronze bien connus dans cette partie du sud-est asiatique – donne à penser. Il « pourrait » s'agir d'un objet de culte religieux, animiste probablement.

Découverte : Le document fut signalé en 1998 dans les objets présentés par des villageois de Pakphai (59) à deux membres de la Mission. Les déclarations des villageois concernant le découverte de cet objet s'avérèrent fort confuses. La version retenue lors de cette première visite se résume à ceci : « Découvert en 1997 près de grottes situées à proximité du village ».

Vu l'importance de ce document, il fut décidé – à l'occasion de la Mission 1999 – de reprendre contact à Pakphai (59) avec les villageois concernés, de récolter des renseignements relatifs à la découverte de cet objet et si possible de l'acquérir au profit du Musée National Lao, à Vientiane. Ce qui fût fait. Le document est exposé au Musée précité sous référence L.N.M 291.
En ce qui concerne la découverte du dit objet, une nouvelle – et sans doute plus fiable – version apparût et se résume comme suit : « Ce sont les parents (aujourd'hui décédés) des détenteurs actuels qui auraient découvert le document en question sur le site du l'ancien village, sis à une douzaine de km. à l'ouest du village actuel, en un endroit très difficile d'accès. Ce sont les détenteurs actuels qui auraient cassé plusieurs branches de l'étoile pour vérifier si elle ne contenait pas de l'or (sic) ».

Malgré des conditions climatiques des plus défavorables (pluies abondantes, ruisseaux en crue) les membres de la Mission se rendirent sur le site présumé (totalement repris par la jungle) et deux membres escaladèrent un flanc de montagne pour y visiter une grotte où reposaient des cercueils animistes en bois. Aucun autre élément digne d'intérêt ne put être relevé.

2. Glaive, en pierre

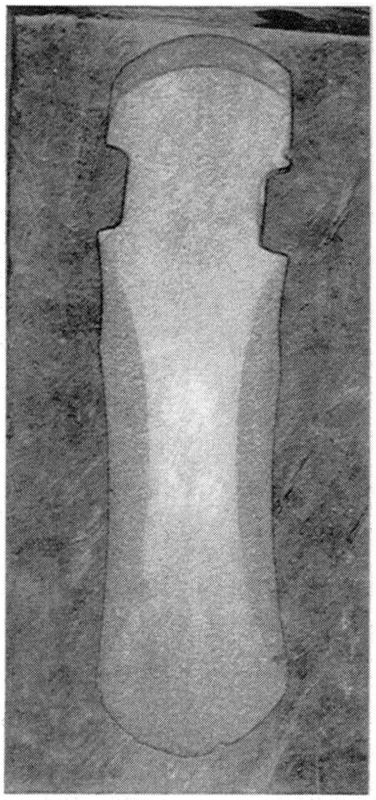

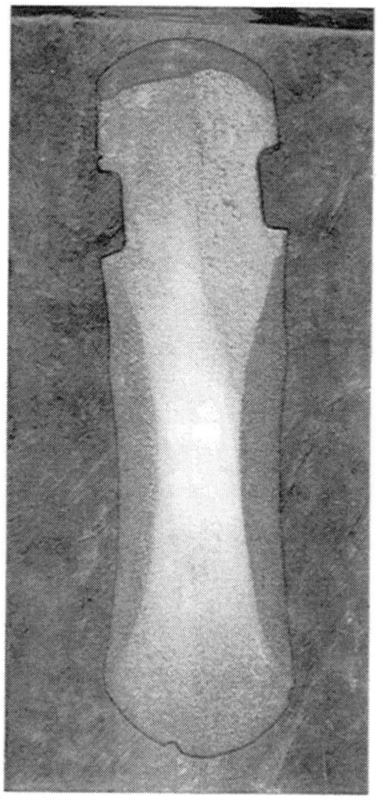

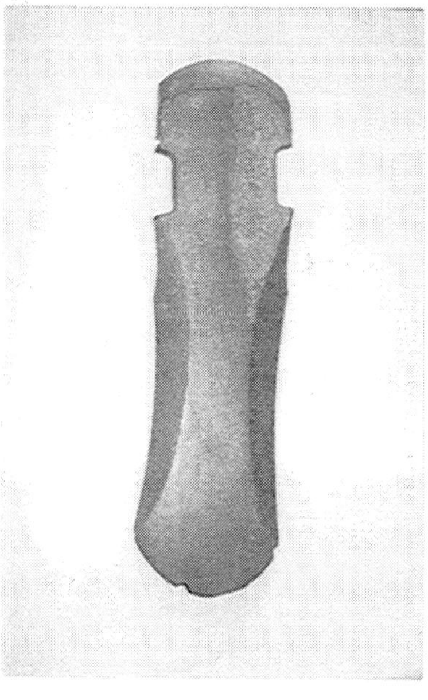

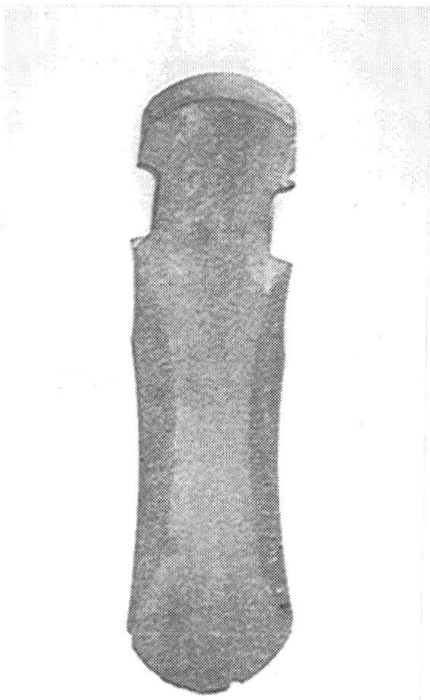

Notice 478

Dimensions	:	Longueur Plus grande largeur Epaisseur	: 28 cm : 7,5 cm : 1,.5 cm
Poids	:	Plus de 500 gr (aux environs de 1 kg)	
Aspect	:	Arme à deux tranchants, avec emprise taillée pour la fixation d'un poignée. Pierre dure, teint verdâtre, polie.	
Découverte	:	Découvert en 2000 par un villageois, dans une forêt proche du village. Pourrait provenir de Chine, proche du lieu de découverte.	

3 (a – b) Pointes de lance, en pierre

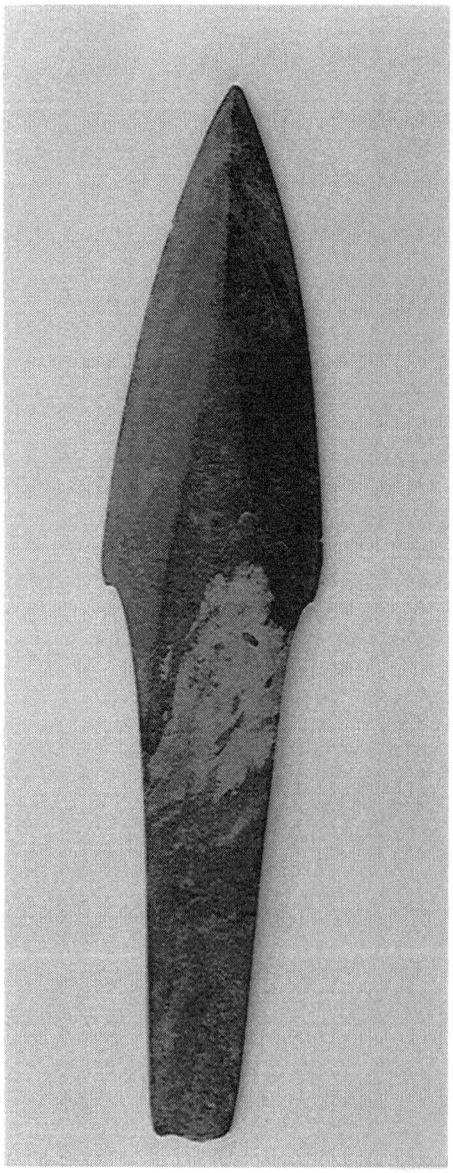

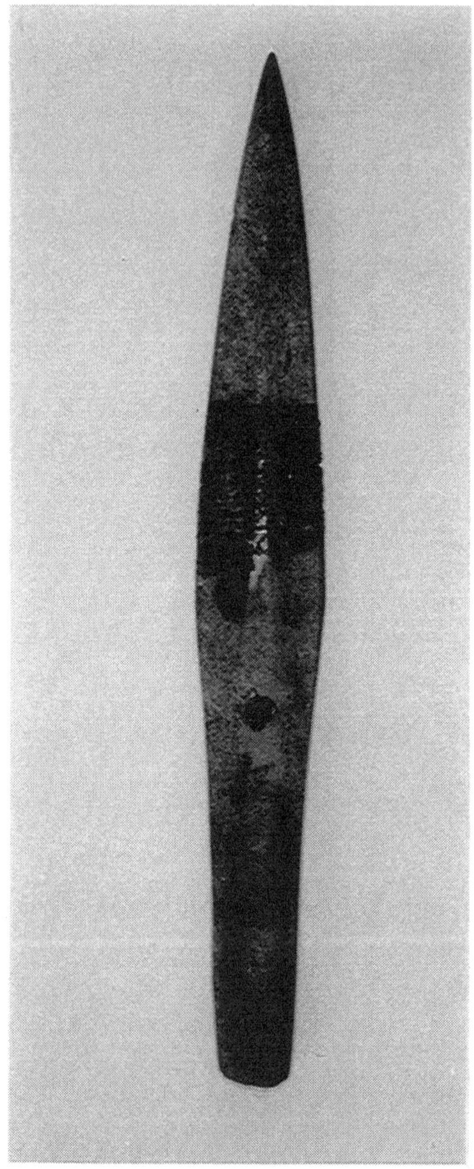

a Notice 469

Dimensions	Longueur	: 19,1 cm
	Plus grande largeur	: 4,1 cm
	Epaisseur	: 8 mm
	Emmanchement	: 9 cm
Poids	: 73 gr	
Aspect	: Pointe à double tranchant, en pierre dure marbrée.	
Découverte	: Trouvée en novembre 1998 par un piroguier sur la rive de l'Ile Don Hon. Acquis par la Mission pour le Musée National, où le document est exposé sous référence L.N.M. 136.	

b Notice 475

Dimensions	Longueur	: 24 cm
	Plus grande largeur	: 3 cm
	Epaisseur	: 7 mm
	Emmanchement	: 10 cm
Poids	: 90 gr	
Aspect	: Pointe à double tranchant – La pointe est cassée en son milieu.	
Découverte	: Trouvée en 1972, dans le Mékong, pendant l'orpaillage, par un villageois de Houaymon (152).	

4 (a – b) Anneaux – disques, en pierre

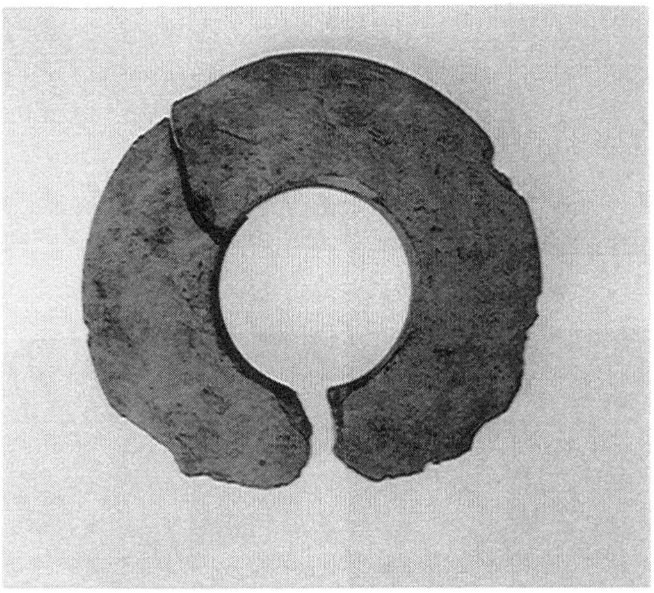

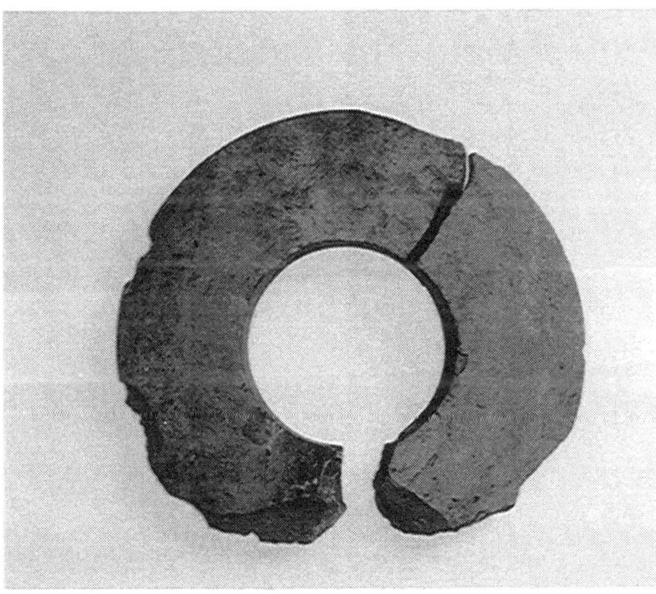

a Notice 466

Dimensions : Diamètre intérieur : 6 cm
Diamètre extérieur : 14,1 cm
Largeur entre les deux diamètres : 3,9 cm
Epaisseur : 1,7 cm

Poids : ?

Aspect : Grand anneau - disque en pierre polie.
L'objet, récupéré en entier, est cependant brisé en deux morceaux.

Découverte : Trouvé en 1999, dans le village de Houaychanh (05), en creusant des fondations. Les objets sous notices 117 et 118 ont été découverts au même endroit.
Acheté par la Mission au profit du Musée National Lao, où il est exposé sous référence L.N.M. 354.

Fonction : Il pourrait s'agir d'un anneau de parure, utilisé à des fins cérémonielles.

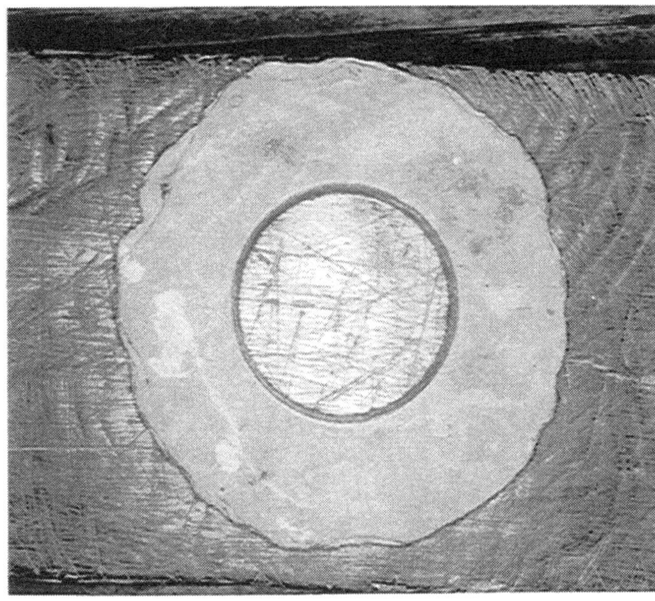

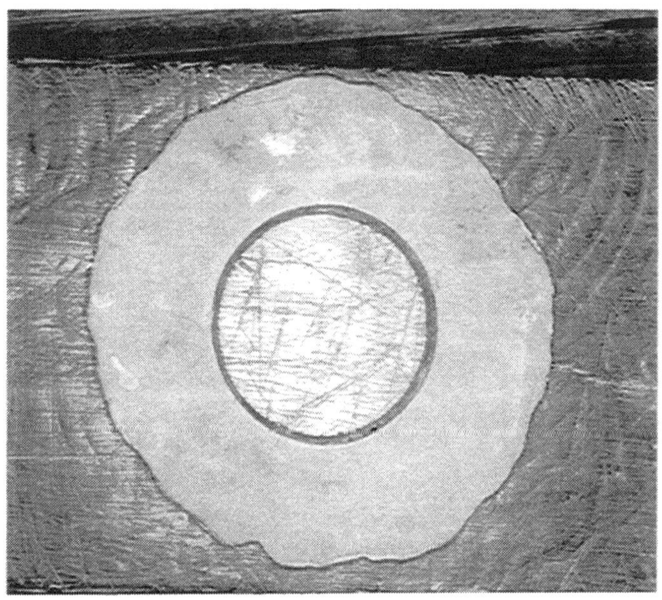

b Notice 477

Dimensions : Diamètre intérieur : 6 cm
Diamètre extérieur : 13 à 14 cm
Largeur entre les deux diamètres : 3 à 3,8 cm
Epaisseur : 1,4 cm

Poids : 250 gr

Aspect : Grand anneau-disque en pierre polie.

Découverte : A été trouvé sur la rive gauche du Mékong en 1997 à proximité de Chayi Neua (180), non loin de la frontière chinoise.
Acheté par la Mission au profit du Musée National Lao, où il est exposé sous référence L.N.M. N21.

Fonction : Il pourrait s'agir d'un anneau de parure, utilisé à des fins cérémonielles

5 (a-b) Petits bracelets de parure, en pierre

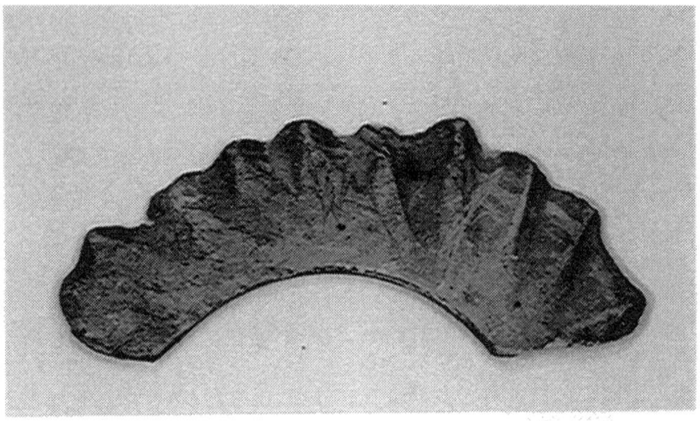

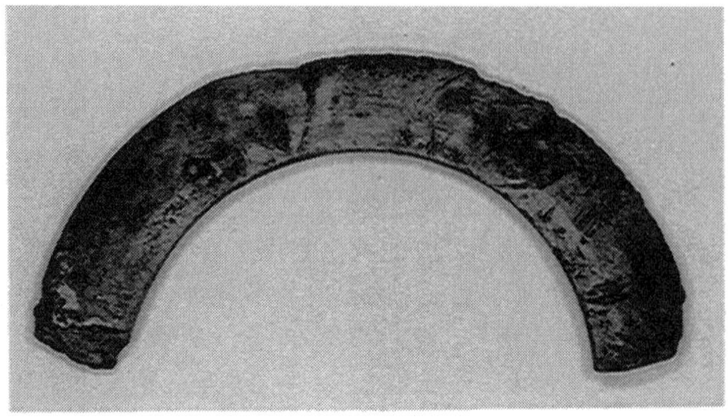

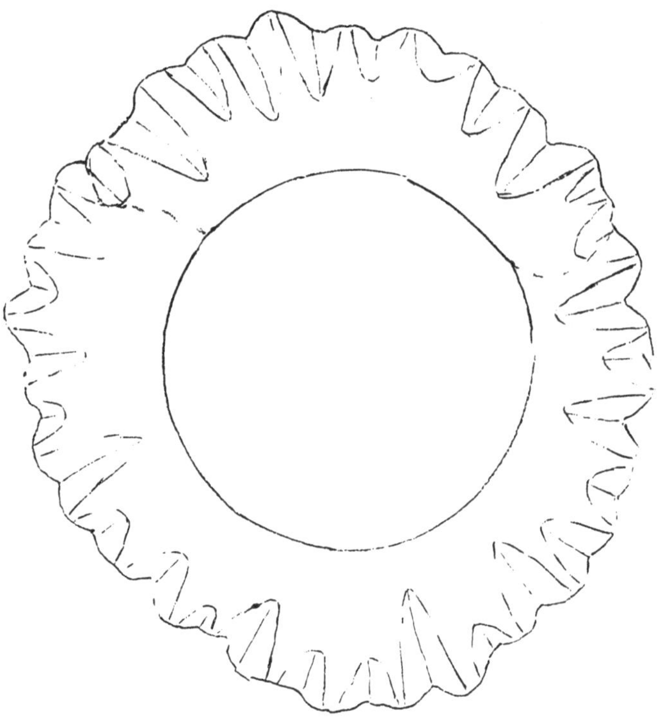

a Notice 473

Dimensions : Diamètre intérieur : 7,7 cm
Diamètre extérieur : 9,9 cm
Largeur entre les deux diamètres : 1,1 cm

Epaisseur : 8 mm

Poids du fragment : 10 gr

Aspect : Fragment de couleur brun clair

Découverte : Découvert dans les champs du village Homxay (128) en 1998.
Acquis par la Mission au profit du Musée National Lao, où il est visible sous référence L.N.M. A 396.

b Notice 474

Dimensions : Diamètre intérieur : 5 cm
Diamètre extérieur : 9 cm
Largeur entre les deux diamètres : 1,8 cm

Epaisseur : 7,6 mm

Poids du fragment : 15 gr

Aspect : Fragment de couleur verdâtre

Découverte : Découvert dans les champs du village Paksit (132) vers 1985.
Acquis par la Mission au profit du Musée National Lao, où il est visible sous référence L.N.M. A 382.

6 (a –b) Socs de charrue, en pierre

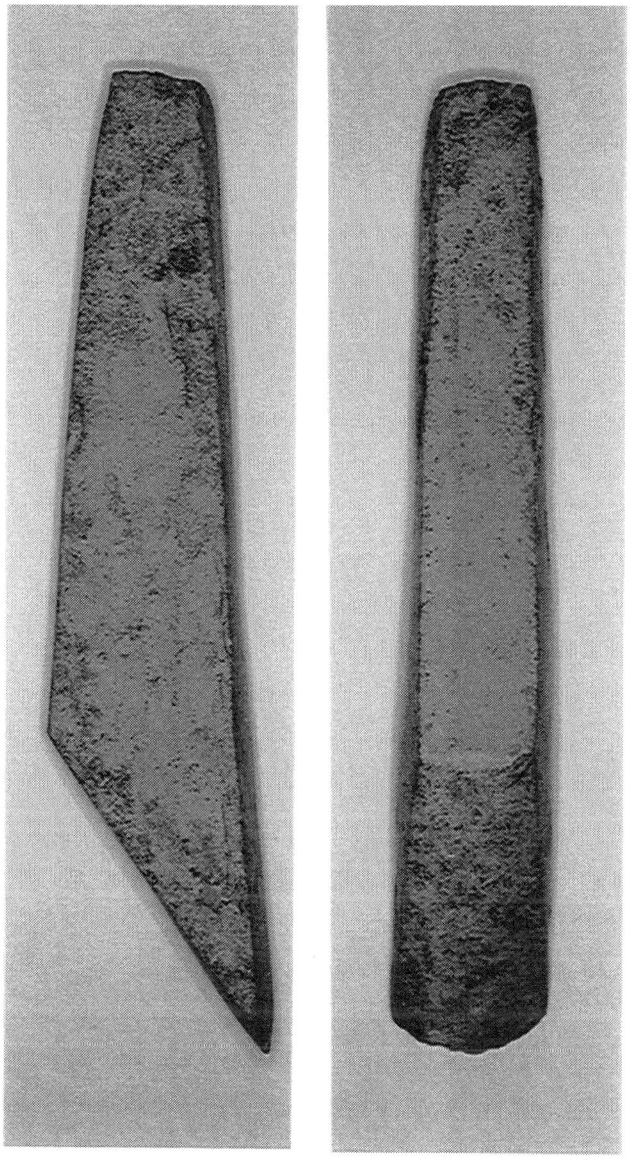

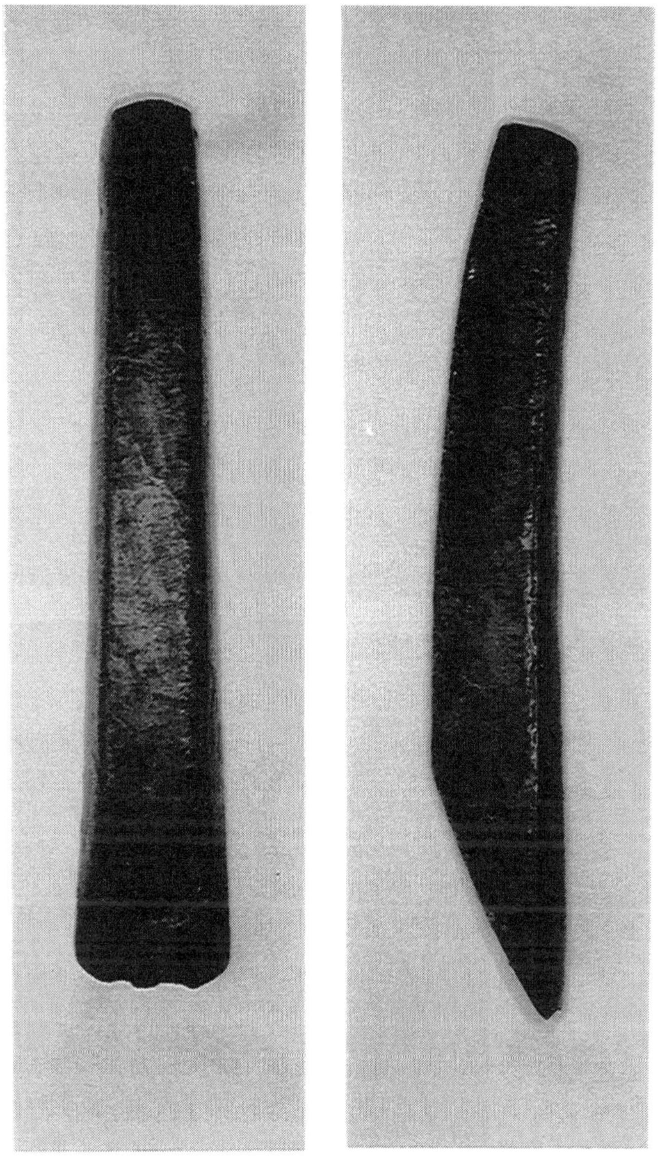

a Notice 471

Dimensions	: Longueur	: 21,8 cm
	Largeur à la base	: 3,7 cm
	Plus forte épaisseur	: 4,6 cm
Poids	: ? (plus de 500 gr)	
Aspect	: Pierre gris verdâtre	
Découverte	: Par un villageois de Pakphai (59) dans un champ à flanc de colline, sur la piste (rivière Houay Phai) menant à l'ancien village où fut découverte l'étoile en pierre décrite ci-avant sub 1. Ce soc de charrue a été acquis par la Mission et offert au Musée National Lao où il est exposé sous référence L.N.M. 327.	

b Notice 472

Dimensions	: Longueur	: 23,7 cm
	Largeur	: 4,4 cm
	Plus forte épaisseur	: 3,6 cm
Poids	: ? (plus de 500 gr)	
Aspect	: Pierre de couleur brune	
Découverte	: Fait partie d'un « trésor familial » (Héritage). Proviendrait de Khe (à 30 km vers l'intérieur, à hauteur de Bo (111).)	

7 (a-b) Divers

a Polissoir (?), en pierre

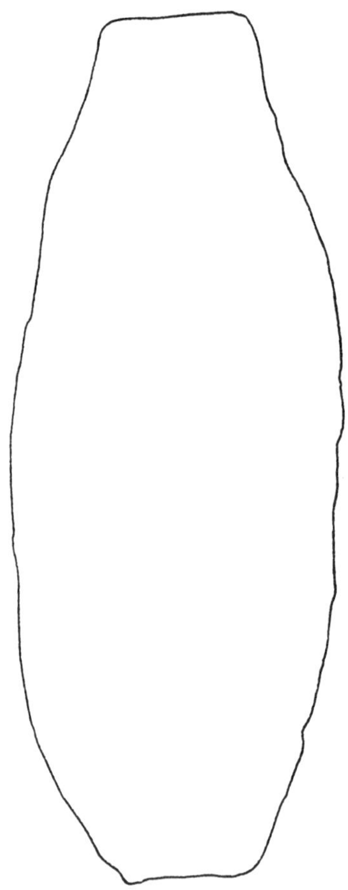

b Matériel de pêche (?), en pierre

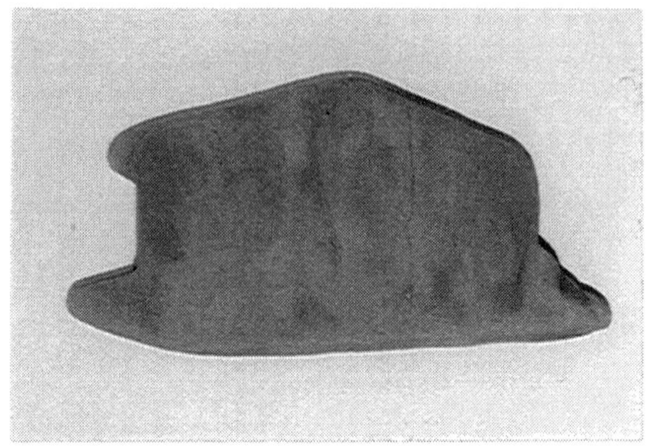

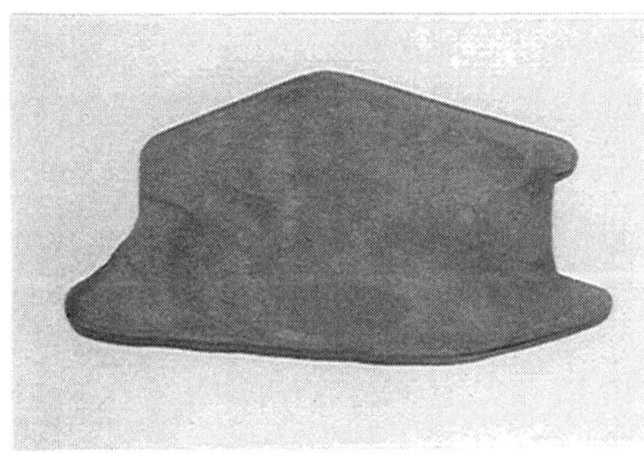

a Notice 465

Dimensions	:	Longueur Largeur maximale	: 16 cm : 6,3 cm
Aspect	:	Pierre dure, de teinte grise, sous tranchant	
Découverte	:	Un villageois a trouvé ce document lithique en 1989 dans un des champs entourant le village Houaychanh (05)	
Fonction	:	Il pourrait s'agir d'un polissoir	

b Notice 468

Dimensions	:	Longueur Largeur maximale Epaisseur	: 11 cm : 7,4 cm : 1,4 cm
Poids	:	240 gr	
Aspect	:	Pierre polygonale, plate, de couleur gris-brun, naturellement polie, avec 4 protubérances (dont 2 abîmées) aux extrémités.	
Découverte	:	Découverte par un membre de la Mission sur le site, non couvert aux basses eaux, de l'ex village Don Hon, situé sur l'île du même nom.	
Fonction	:	Il pourrait s'agir d'un matériel de pêche	

8. Outils hybrides, en pierre

Notice 467

Dimensions	Longueur	: 7,1 cm
	Largeur maximale	: 4,7 cm (corde du tranchant)
	Epaisseur	: 1,2 cm

Aspect : Taillé dans une pierre verdâtre, cet outil poli présente la curieuse caractéristique de posséder - sur un seul côté uniquement - un tenon exprimé.

Découverte : Il fut trouvé en 1999, dans le village de Houaychanh (05), en creusant des fondations. Les objets sous notices 466 (anneau disque), 183 (hachette en bronze), 117 (outil) et 118 (outil) furent découverts au même endroit. Il s'agit vraisemblablement d'un dépôt d'objets provenant initialement d'autres sites et rassemblés à la période « historique » à des fins talismaniques. Remis au L.N.M. 351.

Fonction : Un tel outil hybride » donne à penser. Des recherches menées par ailleurs par nos soins en 1999 et en 2000, suite à cette curieuse découverte ont apporté les éléments suivants :

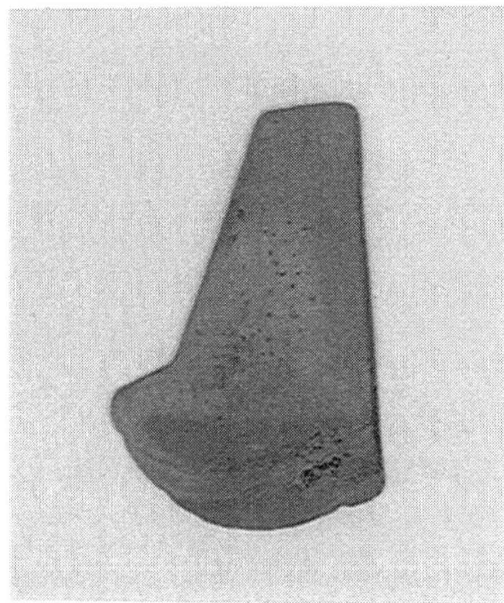

(Brocanteur – Vientiane)

Dimensions	Longueur	: 9 cm
	Largeur maximale	: 6 cm
	Epaisseur	: 1,4 cm
	Longueur du tenon	: 4,6 cm

Poids : 100 gr

Aspect : Pierre schisteuse, de couleur gris-noir, polie.

Découverte : Le brocanteur ignore l'endroit exact de découverte. Il sait seulement que cela vient du nord du Pays.

(1) En fin 1999, un outil similaire a pu être observé chez un brocanteur à Vientiane (notice « Brocanteur- Vientiane »).

(2) En décembre 2000, un outil similaire, mais de petite taille, a été observé par nos soins, dans le sud du Pays, au village de Naphek (253), entre la vallée du Mékong et la frontière vietnamienne (notice 1066).

(3) En janvier 2001, un autre outil « hybride » a pu être observé chez un brocanteur de Vientiane (notice « Brocanteur-Vientiane »).

Ces outils similaires sont reproduits et analysés ci-après :

Notice 1066

Dimensions : Longueur : 3,6 cm
Corde du tranchant : 4,1 cm

Longueur du tenon : 2,4 cm

Poids : 45 gr

Aspect : Outil poli, de petite taille, de couleur gris-noir

Découverte : Trouvé en 1999 dans un marigot proche du village de Naphek (253)

(Brocanteur – Vientiane)

Dimensions : Longueur : 4,7 cm
Corde du tranchant : 4 cm
Epaisseur : 1,2 cm
Longueur du tenon : 2 cm

Poids : 33 gr

Aspect : Pierre polie, de couleur brun clair

Découverte : Le brocanteur ignore l'endroit exact de découverte. Il sait seulement que cela vient du nord du Pays.

Pour conclure cet exposé sur un curieux problème, il faut signaler un texte énigmatique de Malleret, texte peut-être consacré à cet outillage spécifique. Dans le second tome de son ouvrage sur « l'Archéologie du delta du Mékong », Malleret, traitant de six lames à tenon, écrit ce qui suit :

« Elles entrent toutes dans le série dite *shouldered axe, shouldered celt* or *schulterbeil* selon les pays. Mais la notion d'épaule qu'impliquent ces expressions peut prêter à confusion avec *des herminettes qui se rencontrent en d'autres régions, dont le talon est entaillé d'un seul côté, sur une partie de sa hauteur* (Tome Second, page 8). »

Malheureusement, Malleret n'en dit pas plus.

2. Age du Bronze

NOTE :

Les pourcentages exprimés dans les Figures et Tableaux qui suivent ont été réduits à la seule fraction décimale, ce qui explique une légère irrégularité dans l'expression de leur total.

2. Age du bronze

Le bronze "ancien" représenté - en majorité par des hachettes, souvent en mauvais état de conservation - se retrouve fréquemment, assez bien réparti, dans la vallée laotienne du fleuve Mékong comprise entre Luang Prabang et la frontière chinoise.

> En effet, 144 documents en bronze ont pu être observés, soit 137 hachettes, 3 pointes de lance, 3 pointes de flèche et une pipe. Ces 144 documents ont été observés dans 72 villages, soit 40% des 180 localités offrant un potentiel archéologique. Si, comme ce fût le cas pour les vestiges de l'âge lithique, il s'agit ici d'une sous-évaluation (compte tenu de fait que tous les détenteurs d'objets archéologiques résidant dans les localités visitées n'ont pu être contactés), il apparaît cependant que la quantité de documents du « Bronze » est inégalement répartie dans la vallée considérée :
> Si le bief Vientiane – Luang Prabang possède 54% de localités offrant un potentiel archéologique avec des vestiges du « bronze », ce taux tombe à 29 % pour les localités du bief Luang Prabang – frontière chinoise. Cette baisse est particulièrement sensible dans les secteurs où la rive droite du fleuve appartient à d'autres riverains : Thaïlande, Myanmar. Il semble en effet que là plus qu'ailleurs, et depuis longtemps, des brocanteurs aient systématiquement récolté les documents du « bronze », fort prisés par les populations urbaines des pays susdits et par les touristes très nombreux parcourant ces entités.

LA COLLECTION OBSERVEE

. Les 144 documents protohistoriques observés peuvent se répartir comme suit:

83 hachettes d'un poids inférieur à 100 gr

40 hachettes d'un poids supérieur à 100 gr

14 hachettes d'un poids non précisé, vu qu'il s'agit de débris d'outils

7 documents exceptionnels

C'est afin de faciliter l'analyse de ce matériel que la séparation – empirique – entre outils de « moins » et de « plus » de 100 gr a été retenue.
Cette séparation entre outils d'un faible poids et outils de poids plus important se justifie également du fait que, le métal étant rare en phase initiale de l'âge des métaux, les outils les plus légers – et également les plus petits – s'avèrent être fréquemment les plus archaïques. Autre constat militant dans le même sens : ce sont les outils les plus légers et les plus petits qui sont les plus corrodés, confirmant quelque peu ainsi leur ancienneté.

OBSERVATIONS TYPOLOGIQUES

A. Hachettes

1. Longueur

Sur un total de 137 hachettes, la longueur de 127 d'entre elles a pu être examinée. Voici les données de cet examen :

De 4 à 5 cm :	8 outils	(6,3%)
De 5 à 6 cm :	14 outils	(11,0%)
De 6 à 7 cm :	28 outils	(22,0%)
De 7 à 8 cm :	19 outils	(15,0%)
De 8 à 9 cm :	16 outils	(12,6%)
De 9 à 10 cm :	24 outils	(18,9%)
De 10 à 11 cm :	8 outils	(6,3%)
De 11 à 12 cm :	5 outils	(3,9%)
De 12 à 13 cm :	5 outils	(3,9%)

L'on constate que 101 outils (sur 127), soit 79,5%, connaissent une longueur répartie entre 5 et 10 cm.
La Figure 12 illustre cette répartition :

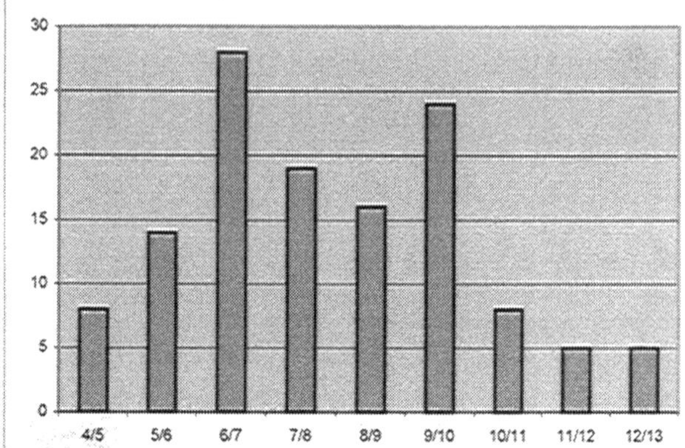

Figure 12 : Répartition de la longueur

2. Profil facial

L'examen de 137 hachettes en bronze de la collection permet de les classer en quatre groupes essentiels, ce qui n'exclut nullement des corrélations intrinsèques, particulièrement pour les groupes I et II. Cet examen porte essentiellement sur l'analyse des profils faciaux observés.
En l'absence de définitions adaptées connues : les dénominations européennes ne s'adaptant guère au matériel du sud-est asiatique, les quatre groupes déterminés ont été ainsi qualifiés :

I. Hachette à douille, type rond	: 40	(29,6%)
II. Hachette à douille, type polygonal	: 46	(34,1%)
III. Hachette à douille, type droit (bêche)	: 27	(20,0%)
IV. Hachette à douille, type « à cornes »	: 22	(16,3%)
	135	(100%)

Deux hachettes « plates » ont été mises hors-séries.

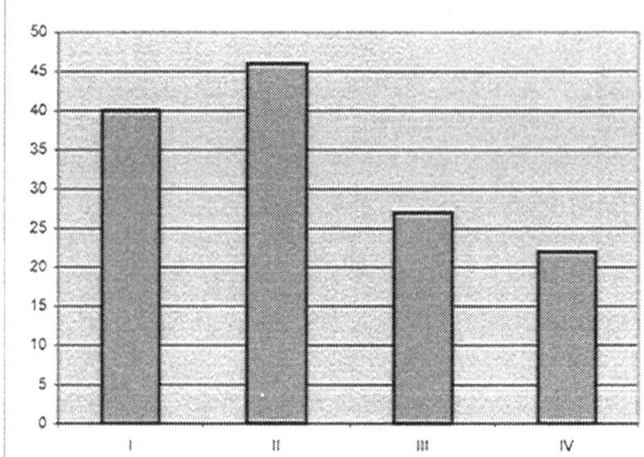

Figure13 : Profils faciaux

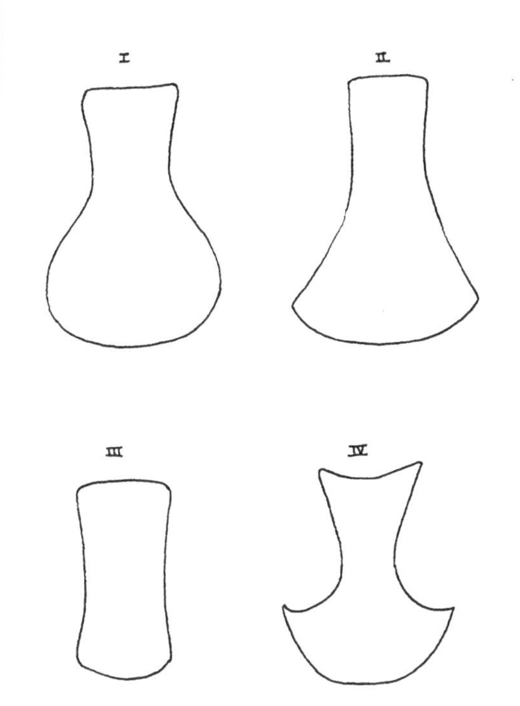

Figure 14 – Principaux profils faciaux observés

. Les outils du groupe I (30% de la collection) paraissent les plus archaïques. Leur état est souvent très déficient : la corrosion, plutôt forte, fait apparaître des alliages de métaux peu au point. Leur forme arrondie ne plaide pas pour une grande efficacité. Leur poids est généralement très bas : sur 40 outils de ce groupe, 5 seulement dépassent 100 gr. (soit respectivement 103, 105, 120, 125, 175 gr).

. Un grand nombre d'outils, 46 unités (34% de la collection), rassemble les hachettes que l'on peut qualifier de « polygonales » en s'inspirant des normes européennes. En fait, si ce groupe II comporte effectivement des hachettes de type polygonal européen, il inclut également des outils présentant un tranchant de forme semi-circulaire plus fréquemment observé parmi les hachettes de grande dimension.

. Le groupe IV, qualifié de « type à cornes » par la Mission, rassemble 22 outils de la collection (16%).

. Le groupe III rassemble 27 outils (20%) de type droit, très similaires aux « mini-bêches » toujours utilisées par la population locale, et dont un exemplaire (photo page 57) est reproduit à titre exemplatif. L'on observe que très fréquemment, sous la violence des chocs de percussion connus par ce type d'outils, le tenon de fixation « déchire » la partie supérieure de la gaine d'emmanchement.

. Structurellement différentes, deux hachettes plates de type polygonal doivent être signalées (notices 509 et 528).

Essai d'explication

Du classement des quatre groupes précités - classement forcément empirique – il résulte les réflexions suivantes :

(1) Les outils des groupes I (40 outils – 30%) et II (46 outils – 34%) forment en fait une seule série évolutive où il apparaît que ce sont les hachettes à douille, de type rond, qui présentent les caractères les plus archaïques et marquent de leur forme l'introduction du métal dans la région considérée.
Le type rond aurait évolué, dans le souci d'une plus grande efficacité de l'outil, et aurait sans doute été assisté dans son évolution par l'obtention de plus grandes quantités de métaux et par une meilleure connaissance des alliages. Cette évolution aurait été à l'origine du type polygonal (Groupe II).

(2) Deux hypothèses se font jour quant au type dit « à cornes » :
. ou ce type serait le fruit d'une évolution des hachettes du groupe II, au même titre que les hachettes à tranchant semi-circulaire (« en demi-lune », comme le déclarent certains observateurs),
. ou le type concerné aurait été « importé » dans la région, ce qui ne peut être exclu à priori.

(3) Parallèlement aux hachettes jusqu'ici décrites évolue un outil de type tout différent qui - ultérieurement - sera repris par l'industrie du fer et se voit toujours utilisé, en tant que mini - bêche, à l'époque contemporaine (photo page 68).

L'on observera qu'un certain nombre d'outils en pierre semblent annoncer les formes utilisées par le Bronze, qu'il s'agisse de hachettes ou de mini-bêches. Ce constat avait déjà été fait par M. Colani, dès 1937.

3. Mesure de la corde tranchant

Les données statistiques sont les suivantes pour 125 outils (sur 137) :

De 1 à 2 cm	:	1 outil	(0,8%)
De 2 à 3 cm	:	3 outils	(2,4%)
De 3 à 4 cm	:	11 outils	(8,8%)
De 4 à 5 cm	:	29 outils	(23,2%)
De 5 à 6 cm	:	27 outils	(21,6%)
De 6 à 7 cm	:	23 outils	(18,4%)
De 7 à 8 cm	:	14 outils	(11,2%)
De 8 à 9 cm	:	12 outils	(9,6%)
De 9 à 10 cm	:	4 outils	(3,2%)
De 10 à 11 cm	:	1 outil	(0,8%)

La corde du tranchant des hachettes considérées se répartit entre 3 et 9 cm pour 92,8% d'entre elles (116 outils sur 125). L'illustration de cette mesure est donnée par la Figure 15 :

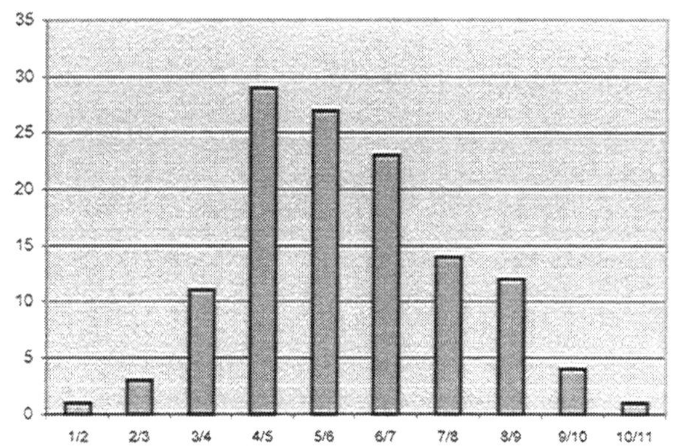

Figure 15 : Corde du tranchant

AUTRES OBSERVATIONS CONCERNANT LES HACHETTES EN BRONZE

1. Lieux de découverte

Comme ce fut le cas pour l'outillage lithique observé par la Mission, les lieux de découverte de l'outillage en bronze ont pu être établis sur base des déclaration des propriétaires de cet outillage et s'avèrent fiables à titre de « tendances ».

Lieu de découverte	Hachettes en bronze	%
Champs	15	13,0
Dans le village	22	19,0
Mékong (orpaillage)	60	51,7
Mékong (rives)	13	11,2
Du village	6	5,1
	116	100

Si 21 hachettes n'ont pu voir établis leurs lieux de découverte, le renseignement a pu être fourni pour les 116 autres de la collection. Il est utile de rapprocher les constats précités de ceux réalisés, dans le même domaine, pour l'outillage lithique :
- La proportion des hachettes en bronze découvertes dans les champs est beaucoup moins importante (13%) que celle des outils en pierre découverts dans les mêmes champs : près de 29%.
. Cette différence s'explique vraisemblablement par la fonction différente des outils en question.
. Il n'est pas interdit de penser que les outils en pierre furent encore utilisées longtemps après l'apparition du Bronze.
- La proportion d'outils en pierre et d'outils en bronze découverts dans les villages est assez équivalente :
16% pour les outils en pierre
19% pour les hachettes en bronze
- Des rives mêmes du Mékong (orpaillage : 51,7% + rives : 11,2%) proviennent près de 63% des outils en bronze. Cette proportion n'est que de 24% pour l'outillage lithique.
Les membres de la Mission n'ont pu émettre d'hypothèse explicative sur cette quantité considérable de hachettes en bronze (pas loin des deux tiers de la collection observée) découvertes à même les rives du Mékong, et cela sur toute l'étendue du bief investigué : près de 1.000 km.
- « Du village » sont affirmés provenir 5% de l'outillage en bronze (contre plus de 12% pour l'outillage lithique). Comme ce fut le cas pour l'outillage lithique, on peut les considérer comme découverts tant sur les rives du Mékong que dans les champs et les villages concernés.
- Il n'a pas été possible d'obtenir le lieu de découverte de 21 hachettes (sur un total général de 117), soit 18% de la totalité de la collection observée.

2. Année de découverte

Ce type d'informations doit être accepté avec prudence, et ne constitue guère plus qu'une « indication de tendances ».

Période 1945 et avant	:	néant
1946/1955	:	2
1956/1965	:	1
1966/1975	:	2
1976/1985	:	36
1986/1995	:	34
1996	:	4
1997	:	15
1998	:	3
1999	:	5
2000	:	1
Provenant d'héritages	:	18
Période inconnue	:	16

3. Usure des outils

L'examen de 126 outils (sur 137) présente les constats ci-après:

Usure légère	:	50 outils	(39,7%)
Usure forte	:	43 outils	(34,1%)
Pas d'usure décelée	:	33 outils	(26,2%)

Parmi les outils présentant des traces d'usure forte, l'on observe une majorité d'outils au tranchant ébréché, voire d'outils cassés ou fortement corrodés.

4. Empreintes de moulage

Sur 130 outils examinés, seuls 50 portaient des empreintes du moule utilisé lors de leur fusion : 29 hachettes portaient cette empreinte sur une face, le solde des 21 autres portant cette empreinte sur les deux faces.
Les traces de moule s'observent sur des outils des quatre profils faciaux.
Aucun vestige de moule n'a pu être observé.

PROBLEMES RELATIFS A L'AGE DU BRONZE

1. Origine

Les techniques du travail du bronze furent très probablement importées dans la région concernée.
La Mission de Prospection, limitée à la vallée laotienne du Mékong, n'a pu établir avec certitude s'il existe dans la région concernée les gisements de minerais requis pour la fabrication du bronze, plus particulièrement le cuivre, l'étain, le plomb, et dans une moindre mesure le zinc.
Suivant certaines sources documentaires, et notamment Malleret, de tels gisements existeraient dans le nord du Laos.
Alors que dans les pays voisins (Thaïlande, Sud de la Chine, Vietnam) des traces de fours et des moules ont été découverts, aucune mention de découverte similaire n'est signalée à ce jour au Laos, ce qui n'exclut évidemment pas leur existence possible.

2. Fonctions

Les 137 hachettes observées lors de la Mission de Prospection s'avèrent toutes assez fragiles. Il ne semble pas qu'hormis dans des travaux légers, bien spécifiques, elles aient pu être utilisées. Certains observateurs ont émis l'hypothèses qu'en plus d'une utilisation restreinte, les hachettes auraient été surtout l'expression d'un statut social particulier - d'homme libre par exemple par opposition aux serviteurs et autres domestiques. Ceci est possible, bien que dans l'état actuel des connaissances, rien ne vienne corroborer une telle assertion.

Un fait - déjà cité - étonne et se devrait d'être suivi, c'est le nombre très important de hachettes découvertes à proximité immédiate du fleuve Mékong : ce nombre représente près des deux tiers (63% précisément) des lieux de découverte et ceci sur toute l'étendue (près de 1.000 km) du bief Vientiane – frontière chinoise. Y a-t-il là simple coïncidence ou lien de cause à effet ?

Au moment de l'enquête, et cela depuis de nombreux siècles sans doute, les hachettes en bronze – au même titre que les outils lithiques – conservaient auprès des populations un grand pouvoir talismanique.

3. Datation

Comme pour l'Age de la Pierre, aucune datation n'a pu être établie faute de stratigraphie et de matériaux connexes susceptibles de datation (C14, thermoluminescence,...).
Par comparaison typologique avec des objets similaires découverts dans d'autres régions voisines bénéficiant de moyens de datation, il semble que l'on puisse faire débuter le bronze dans la vallée concernée circa 2.000 Av. J.C.

Il est plus que probable que, durant une assez longue période dépassant largement le début de notre ère, des outils en pierre et en bronze aient coexisté, et ceci pour deux raisons majeures :
D'une part le métal était rare et par conséquent onéreux, d'autre part les fonctions d'utilisation des outils en pierre et en bronze étaient différentes.

Mékong

B. Documents exceptionnels

1. **Pipe**

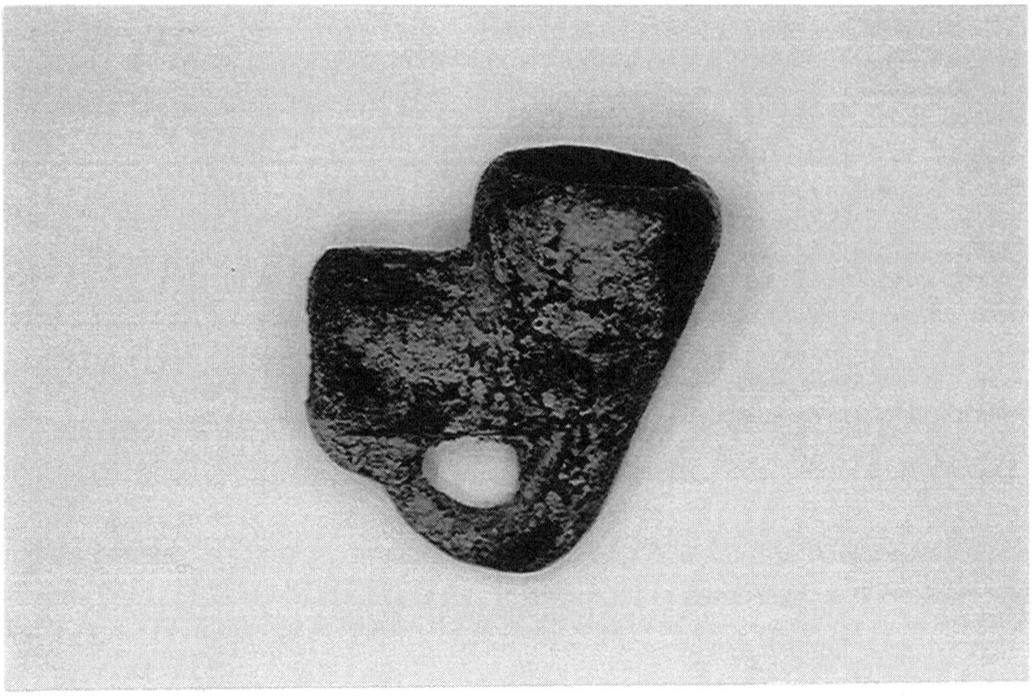

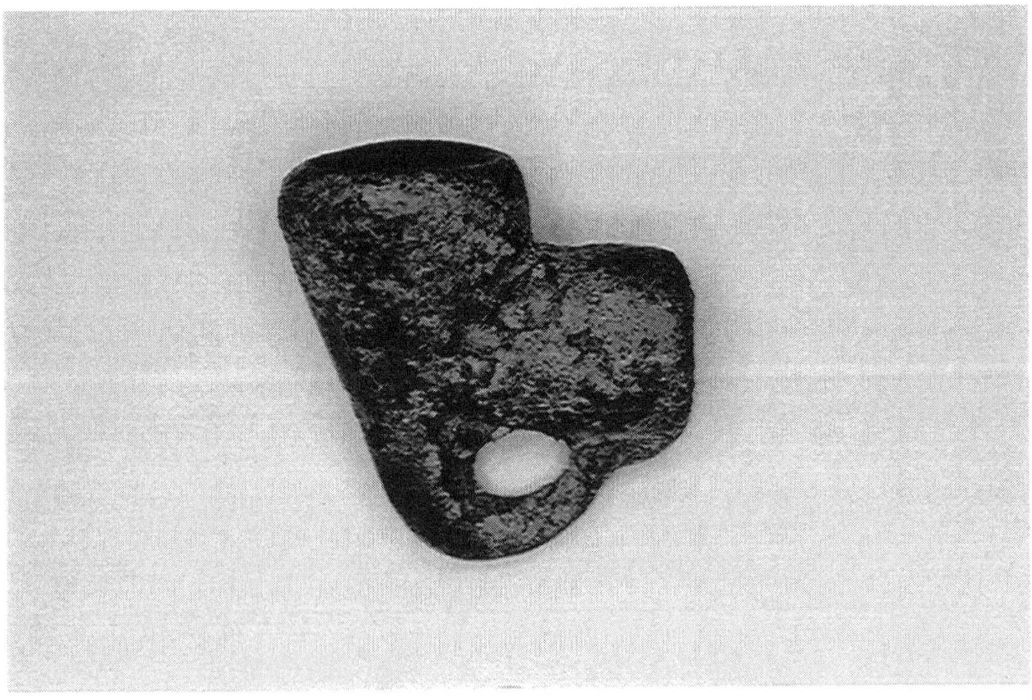

Notice 622

Dimensions	: Longueur	: 3,1 cm
	Hauteur	: 3,2 cm
	Diamètre externe du culot	: 1,9 cm
	Diamètre interne du culot	: 1,2 cm

Poids : 30 gr

Aspect : Bronze avec patine verte. Un trou de «fixation » s'observe à la jonction inférieure du culot et de l'embout. Il semble qu'à l'origine l'embout s'avérait plus long.

Découverte : Cette pièce rare a été trouvée dans un champ du village Hatxat (141) en 1920.
Acheté par la Mission au profit du Musée National Lao où il est exposé sous référence L.N.M. A 255.

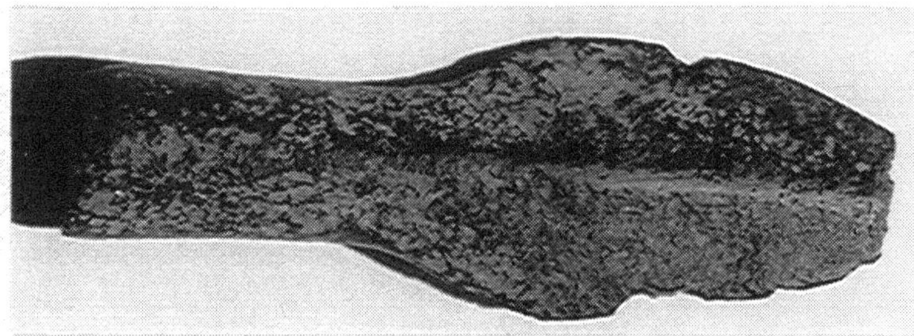

a Notice 617

Dimensions : Longueur : (9,0 cm)
Plus grande largeur : 2,9 cm

Poids : 45 gr

Aspect : Pointe avec douille d'emmanchement.
Le sommet de la pointe est cassé.

Découverte : Trouvée à Pakpa (48) en 1995 dans le Mékong, pendant l'orpaillage.

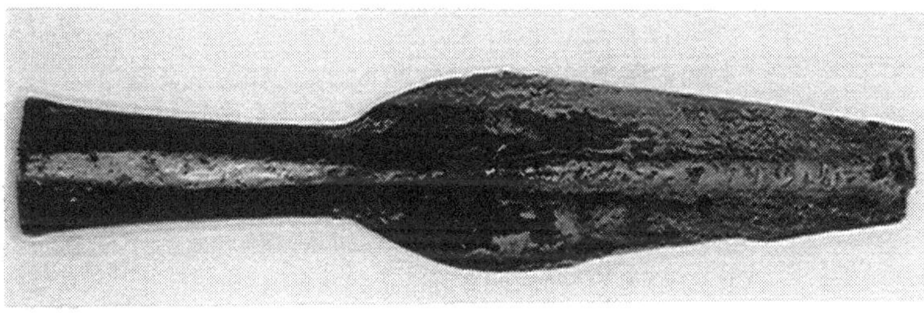

b Notice 619

Dimensions : Longueur : (14,0 cm)
Plus grande largeur : 3 cm

Poids : 93 gr

Aspect : Pointe avec douille d'emmanchement assez épaisse.
Le sommet de la pointe est cassé.

Découverte : Trouvée à Pakngum (119) en 1986, pendant l'orpaillage.

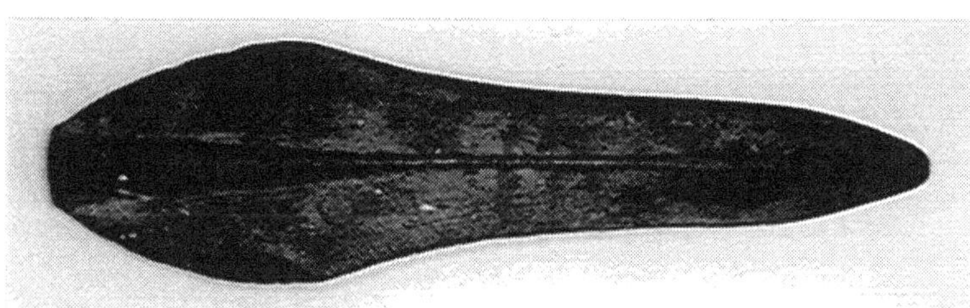

c Notice 621

Dimensions : Longueur : 13,3 cm
Plus grande largeur : 3,4 cm

Poids : 55 gr

Aspect : Pointe (complète) avec douille d'emmanchement légèrement pliée.

Découverte : Héritage familial, du village Hatsak (139).
Achetée par la Mission au profit du Musée National Lao où elle est exposée sous référence L.N.M. A 235.

3 (a - b – c) **Pointes de flèche**

a Notice 616

Dimensions	: Longueur	: (7,6 cm)	
	Plus grande largeur	: 2 cm	
Poids	: 15 gr		
Aspect	: Pointe avec douille d'emmanchement cassée.		
Découverte	: Saisie à un brocanteur qui l'avait achetée à Pakphang (13), par le Service de l'Information et de la Culture de Sanakham.		

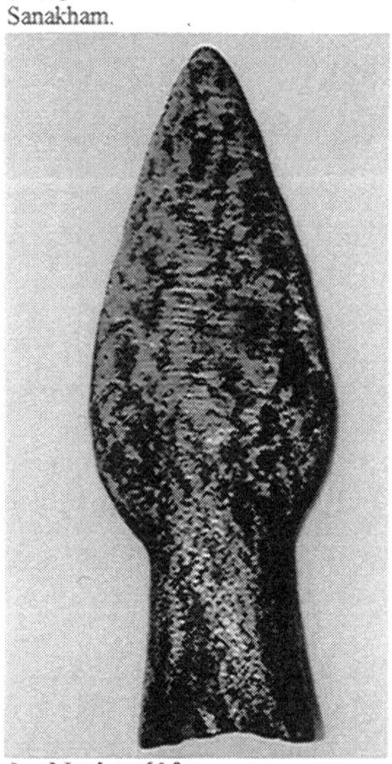

b Notice 618

Dimensions	: Longueur	: 7,5 cm
	Plus grande largeur	: 2,8 cm
Poids	: 25 gr	
Aspect	: Pointe complète avec douille d'emmanchement aplatie.	
Découverte	: Héritage familial de gens de Nongxay (71). Découverte en cette localité.	

c Notice 620

Dimensions	: Longueur	: 5,1 cm
	Plus grande largeur	: 3 cm
Poids	: 25 gr	
Aspect	: Pointe très élaborée, avec douille d'emmanchement.	
Découverte	: Dans les champs de Kontun (138) en 1978.	

3. Période Historique

3. Période Historique

A. DIVERS METAL

1. Poids et Balances

La Prospection a permis l'observation de 78 poids en métal et de 8 balances traditionnelles.

Les 78 poids observés se répartissent en quatre groupes :

A.	Poids animaliers	:	35 pièces
B.	Poids géométriques	:	24 pièces
C.	Poids circulaires figuratifs	:	8 pièces
D.	Poids circulaires uniquement	:	11 pièces

Les 35 poids animaliers sont repris dans le Volume II sous notices :
623 - 627 - 630 - 653 - 654 - 655 - 656 - 658 - 665 - 666 - 667 - 668 - 674 - 675 - 677 - 678 - 679 - 680 - 681 - 682 - 683 - 684 - 685 - 686 - 687 - 688 - 689 - 691 - 692 - 693 - 694 - 695 - 696 - 699 - 700.

Les 24 poids géométriques sont repris dans le Volume II sous notices :
624 - 628 (a-b) - 634 - 635 - 636 - 637 - 638 - 639 - 640 - 642 - 644 - 645 - 646 - 649 - 651 - 659 - 660 - 669 - 670 - 671 - 672 - 676 - 697 - 698.

Les 8 poids circulaires figuratifs sont repris dans le Volume II sous notices :
629 - 632 - 633 - 647 - 648 - 657 - 661 -690.

Les 11 poids cirulaires sont repris dans le Volume II sous notices :
625 - 626 - 631 - 641 - 643 - 650 - 652 - 662 - 663 - 664 - 673.

Pour en savoir plus, le lecteur est renvoyé à la bibliographie importante relative aux « poids birmans », improprement si pas péjorativement qualifiés souvent de « poids à opium ».
Force est cependant de constater que la littérature spécialisée n'apporte pas d'éclaircissements sur les groupes « Géométriques » (B) et « Circulaires » » (D).

Le poids animalier (Eléphant) sous notice 691 a été acquis par la Mission et offert au Musée National de Vientiane où il est exposé sous référence A343.

Huit balances (notices 701 à 708) ont été observés par la Mission. Parmi ces balances figure une balance (notice 702) utilisée uniquement par les Montagnards Phouan.
Plusieurs étuis de balances sont reproduits dans le Volume II (page 122).

La Mission n'a pas repris systématiquement dans ses dossiers tous les poids et balances qui lui ont été présentés. Elle s'est efforcée d'en retenir, et d'en présenter, des échantillons représentatifs.

2. Monnaies

A. Lors de la prospection de bief fluvial Vientiane - Frontière chinoise, il a été observé 66 monnaies dénommées Lat en langue Lao. Ces monnaies Lat, dans l'abondante littérature spécialisée consacrée aux monnaies du sud-est asiatique, sont également dénommées :

- « Langue de tigre » (Tiger tongue)
- « Monnaie barre » (Bar money)
- « Monnaie canot » (Canoe money)
- « Monnaie sangsue » (Leech money)

Ces appellations proviennent évidemment des similitudes plus ou moins réelles existant entre ces monnaies et leur dénomination de référence.

Comme l'écrivait R. le May dès 1932, « Le Lat est la monnaie de la vallée du Mékong ». Il s'utilisait dans toute la vallée laotienne du Mékong, du nord à la frontière du Cambodge.

Les Lat ont été émis dès le 14ième siècle et étaient toujours utilisés en 1937 par les Khmou. C'était l'argent du Royaume de Lan Chang (= un million d'éléphants, par extension : Vallée des éléphants).
A l'origine (14ième siècle), les Lat étaient fabriqués à Luang Prabang, et ensuite également, à partir du 16ième siècle, à Vientiane. Les plus anciens Lat étaient estampillés, sans doute en fonction de leur valeur métallique.

Les Lat ont plusieurs dimensions avec dénomination particulière pour chacune d'elles. Les Lat « décorés » sont fabriqués en un alliage de métal blanc contenant un peu d'argent. Ils sont de valeur supérieure aux Lat non décorés, fabriqués en bronze dont l'alliage est souvent riche en cuivre. A titre indicatif, les poids de 50 des 66 Lat observés sont ici rapportés :

8 Lat décorés :	1 x 128 gr	1 x 105 gr
	1 x 126 gr	1 x 95 gr
	1 x 125 gr	1 x 90 gr
	1 x 110 gr	1 x 87 gr
42 Lat non décorés:	1 x 105 gr	1 x 59 gr
	1 x 98 gr	2 x 58 gr
	1 x 75 gr	1 x 56 gr
	1 x 74 gr	2 x 55 gr
	3 x 70 gr	1 x 52 gr
	1 x 68 gr	5 x 50 gr
	1 x 66 gr	1 x 48 gr
	3 x 65 gr	1 x 40 gr
	5 x 62 gr	1 x 35 gr
	1 x 61 gr	1 x 17 gr
	7 x 60 gr	1 x 12 gr

Les Lat sont repris dans le Volume II sous notices 709 à 762.

B. L'existence de lingots, provenant de Chine se doit d'être mentionnée, particulièrement dans le bief Luang Prabang – Frontière chinoise.

Quatre exemplaires, dont un archaïque, ont été observés. Trois (dont l'archaïque) possèdent des estampilles en caractères chinois.

Voici leur poids :	L'archaïque	=	175 gr
	Les autres	=	334 / 345 / 360 gr

Les lingots d'argent sont repris dans le Volume II sous notices 856 -857 -859 -860.

Toutes les monnaies ainsi que les lingots sont dits provenir d'héritages familiaux.
La Mission n'a pas repris systématiquement dans ses dossiers toutes les monnaies qui lui ont été présentées. Elle s'est efforcée d'en retenir, et d'en présenter, des échantillons représentatifs.

3. Pots à bétel

L'usage du Bétel dans les villages visités demeure fréquent, surtout chez les femmes âgées. Ceci explique le grand nombre de pots (à chaux) et autres instruments réservés à cette pratique.

Par ailleurs la culture des noix de Bétel a pu être observée dans divers villages. Le matériel utilisé, suivant les dires des villageois, n'aurait pas été produit au Laos, mais aurait été importé de tous temps du Siam (Thaïlande).
Il va de soi que ce matériel – en fonction du statut économique des villageois – est nettement plus modeste que celui que l'on peut en ce domaine observer dans les villes.
Les plus anciens documents observés pourraient dater du 18ième siècle.

Parmi les nombreuses pièces spécifiques réservées à l'usage du Bétel, la Mission a retenu 43 documents plus ou moins représentatifs du matériel utilisé :

. Pots (à chaux) avec couvercle	:	22 unités
. Pots (à chaux) sans couvercle	:	6 unités
. Couvercles de pots	:	5 unités
. Mortiers avec pilon	:	5 unités
. Mortiers sans pilon	:	4 unités
. Boite à feuilles (moderne)	:	1 unité

Le matériel ici évoqué est repris dans le Volume II sous notices 763 à 805.

4. Autres

a. Bronze

Repris dans le Volume II sous notices 806 à 839, 34 documents divers en bronze ont été observés par la Mission entre Vientiane et la frontière chinoise.

1 (1 – 2) Deux statues du Bouddha (notices 814 - 815) *

Le lecteur est invité à se référer - ante - à la rubrique « Données de la prospection : A. 1 – 2 L'analyse d'un Site : l'île de Don Hon » (page 31) en ce qui concerne la découverte de ces deux statues. En voici les caractéristiques :

Statue 1

Notice 814

Dimensions :		
	Hauteur totale depuis la base du socle	: 47 cm
	Hauteur du socle	: 12,5 cm
	Longueur actuelle du socle (une partie du socle manque)	: 34 cm
	Hauteur de la statue	: 34,5 cm
	Largeur de la statue	
	. à la base	: 28 cm
	. aux épaules	: 20 cm
	. au milieu de la tête	: 8 cm
	Profondeur	: 15 cm

Il s'agirait d'un Bouddha Launa du 16ième siècle, de provenance ou d'influence siamoise (Thaï). Peu après sa découverte, la tête de la statue a été cassée par des personnes qui espéraient y trouver un « trésor ».
En outre des coups de lime ont été donnés à même la statue pour voir si elle n'était pas « en or ».

* Outre la mise à disposition de sa bibliothèque spécialisée, M. Patrick Laycock du « Brussels Art Laboratory » a bien voulu nous assister sur les qualifications à réserver à ces deux statues.
Qu'il en soit ici vivement remercié.

Statue 2

Notice 815

Dimensions :	Hauteur de la statue	: 40 cm
	Largeur de la statue	
	. aux épaules	: 20,5 cm
	. au milieu de la tête	: 11,5 cm
	Profondeur	: 11,5 cm
	Le socle manque	

Il s'agirait d'un Bouddha typiquement Lao du 16ième siècle. Peu après sa découverte, des coups de lime ont été donnés sur la tête de la statue pour vérifier si elle n'était pas « en or ».

2 Quinze cloches et grelots

Se référer dans le volume II aux notices 806 - 807 - 808 - 809 - 818 - 828 - 829 - 830 - 831 - 832 - 833 - 834 - 835 - 838 et 817.
La totalité de ces documents (sauf un battant de clochette) concerne des grelots d'animaux.
Un grelot (832) a été acquis par la Mission au profit du Musée National de Vientiane où il est exposé sous référence L.N.M. A 119.

3 (a - b - c - d) Quatre statuettes

Ces statuettes décrivent :
. un buffle allaitant un bufflon (notice 825)
. un singe (notice 826)
. un singe (notice 827)
. un crapaud (notice 836) ; pourrait avoir été arraché à un tambour en bronze.

4 (a - b - c) Trois pièces de matériel de tissage

Ce n'est qu'en fin de la Mission 2000 que M. Viengkèo Souksavatdy a découvert que ces curieux documents en bronze munis de pointes étaient destinés aux techniques de tissage du coton. Ils sont répertoriés sous notices 816 - 819 - 824.

5 (a - b) Trois bracelets (notices 811 - 813 - 823)

La bracelet (823) a été acquis par la Mission au profit du Musée National de Vientiane où il est exposé sous référence L.N.M. A 25. Un bracelet ne subsiste qu'à l'état de fragment (notice 813).

6 Divers objets (7 unités)

Ils sont évoqué ci-après :
. 1 poinçon (notice 812)
. 1 réserve de métal d'un forgeron (notice 813)
. 1 résidu de vieux bronze (notice 820) associé à un phallus en stéatite (notice 882)
. 1 marmite (notice 821)
. 1 lingot de cuivre (notice 839)
. 1 corne à poudre (notice 836)
. 1 bague fabriquée avec une hachette en bronze (notice 836)

b. Fer

Seize documents ont été rangés sous cette rubrique. Ils concernent :

1. Des scories de fer (notice 848), trouvées à proximité de Khokakkha (43).
2. Trois « trésors » de forgeron :
   a. notice 840 : groupant 62 pièces disparates.
   b. notice 841 : groupant 74 pièces disparates.
   c. notice 842 : groupant 25 pièces disparates.

Ces réserves de vieux métaux, trouvées en terre et parfois « protégées » par des pierres préhistoriques talismaniques sont intéressantes à étudier, car elles fournissent de par leur variété, nombre de renseignements sur l'évolution de l'outillage agricole. Elles contiennent parfois des outils totalement disparus dans le monde moderne.

3. Trois pointes de lance (notices 843,844,854)
4. Trois sabres de cérémonie, avec fourreau (notices 846, 847, 851)
5. Une baïonnette (probablement d'origine française, notice 845)
6. Deux haches (une moderne, notice 850 ; une archaïque, notice 855).
7. Un outil indéterminé (notice 849)
8. Un mécanisme de fusil à silex (trouvé sur le site de Don Hon, et remis au Service de la Culture de Paklay) (notice 853)
9. Un canon européen de marine du 18ième siècle (notice 852) ci- après décrit :

Canon de marine

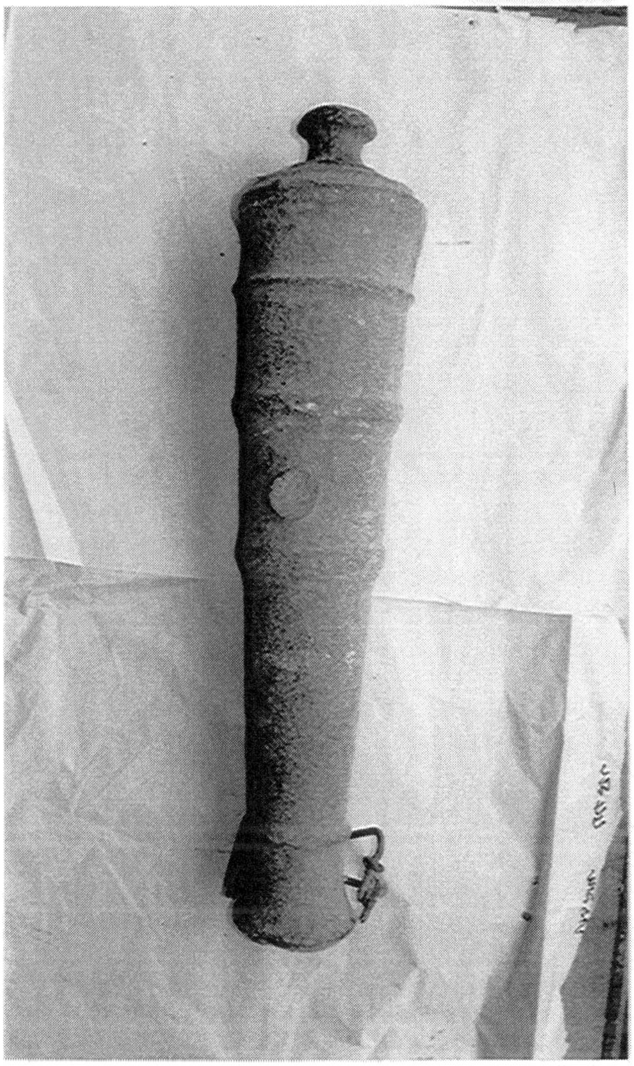

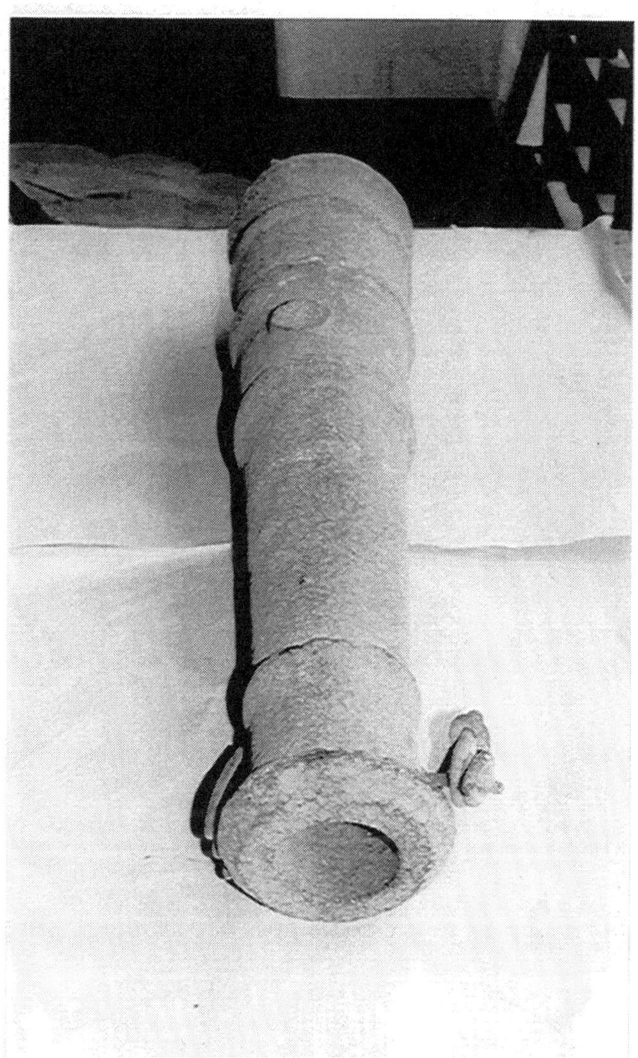

Notice 852

Dimensions	:	Longueur totale	: 68 cm
		Diamètre interne de la bouche	: 8,7 cm
		Diamètre du trou de mise à feu	: 1 cm
		Diamètre des tenons (au chariot)	: 4 cm

Aspect : Les tenons latéraux destinés à assurer la mise sur chariot dans les coursives d'un vaisseau ont été sciés. Par ailleurs, la bouche du canon a été forée en deux endroits pour y laisser passer un axe en fer permettant de suspendre le canon verticalement, sans doute à usage de gong.

Découverte : A Paklay, où ce canon est entreposé au Service de la Culture, l'on déclare qu'il aurait été amené par les français qui l'avaient déposé à la Préfecture.

Il n'est pas interdit de penser que ce canon ait été amené depuis la Côte par un agent de l'Administration française. Une autre hypothèse tend à le faire venir du Siam à l'occasion de conflits du Passé, ce qui – sur le plan technique – paraît peu probable pour un canon de marine sur chariot.

c. Argent

Quatorze documents ont été rangés sous cette rubrique. Ils concernent :

1/4 Quatre lingots (Vol. II - notices 856 - 857 - 859 - 860) ; dont un archaïque (notice 856).

5/6 Deux colliers traditionnels (notices 858 - 865).
Un collier (notice 858) a été acquis par la Mission et offert au Musée national de Vientiane où il est exposé sous référence L.N.M. A 105.

7/14 Huit bracelets (notices 861 - 862 - 863 - 864 - 866 - 867 - 868 - 869).
Deux de ces bracelets sont enrichis d'un fil torsadé (notices 861 - 862). Certains de ces bracelets sont faits avec un alliage à relativement faible teneur en argent.

Tous ces documents ont été déclarés provenir d'héritages familiaux.

d. Divers

Sept documents figurent sous cette rubrique. Ils concernent :

1 Un sabre de cérémonie, avec fourreau (notice 874). Il possède une poignée en ivoire sertie d'argent ciselé.

2/3 Deux étuis avec couteaux de mariage. L'un (notice 876) possède trois couteaux, l'autre (notice 873) deux.

4 Un gong en métal blanc (notice 872) trouvé sur la rive du Mékong, dans un abri sous roche.

5/6 Deux pots en métal (notices 870 - 871).

7 Une amulette (notice 875) qui ne paraît pas ancienne.

B. Divers Pierre

Neuf documents retiennent l'attention :

1/2 Deux disques de pierre (notices 877 - 885) souvent considérés comme poids par la population.

3/5 Trois pierres (notices 878 - 879 - 880) provenant du site Bouddhique de l'île Don Hon.

6 Un phallus en stéatite (notice 882), découvert à Pakpa (60) associé à une hachette en bronze, (notice 547) et à des résidus du même métal.

7 Un poids de pêche (notice 883).

8 Une pierre à rainures (notice 884).

9 Un poids (?) (notice 881).

Les pierres gravées - probablement à usage de tampon de teinturier - seront citées avec les céramiques du même ordre.

C. Divers Bois

Huit documents sont à signaler :

1/3 Trois clarines à bétail (notices 886 - 887 - 888)

4/7 Quatre Linga de forme phallique (notices 889 - 890 - 891 - 892) marquant le lieu de dévotion aux génies fondateur des villages : le premier au sud, les trois autres au nord du Luang Prabang.

8 Deux boîtes (notice 893) à usage indéterminé.

D. Divers Ceramique

1. Pipes

La Mission a pu observer 91 pipes en terre cuite. Pour mémoire sera citée en outre une pipe en bronze déjà évoquée (notice 622) en traitant des Documents exceptionnels de l'Age du Bronze.

L'observation des 91 pipes évoquées permet les constats suivants :

. 52 (57,1%) pipes étaient en excellent état, intactes, tandis que le solde des 39 (42,9%) autres connaissait des détériorations plus ou moins graves : tuyaux cassés ou manquants, culots cassés ou manquants.

. Les *lieux de découverte* de 84 des 91 pipes se précisent comme suit :

Village (ou ancien village)	: 30	(35,7%)
Champs	: 27	(32,2%)
Rives du Mékong (et orpaillage)	: 19	(22,6%)
« Du village »	: 8	(9,5%)

Les lieux de découverte cadrent parfaitement avec les lieux d'occupation essentiels des villageois.

. *Les années de découverte* – concernant 59 pipes pour lesquelles l'information a été obtenue – s'échelonnent entre 1960 et 1999, avec 28 découvertes (47,5%) pour les trois dernières années. Ceci confirme que les pipes anciennes ne sont pas rares dans les terroirs observés.

. Le poids de 48 pipes intactes (sur 52) s'échelonne entre 10 et 100 gr. Le poids moyen des 48 pipes intactes qui ont pu être pesées est de 38,5 gr.

. L'on ne sait pas grand chose sur le sens à réserver aux reliefs, souvent élaborés, reproduits sur les pipes en question. Certains voient dans plusieurs des arabesques enjolivant les fourneaux et tuyaux de pipes le symbole des fumées en émanant. Suivant Velder (qu'il n'a pas été possible de consulter, mais qui est cité (p. 120) par Kijngam, Higham, et Wiriyaromp (1980), ce type de pipes était propre au Royaume du Laos et semble s'avérer très courant entre le 16ième et le milieu du 19ième siècle. Un grand nombre de pipes auraient été fabriquées dans la région de Vientiane, où plusieurs sites de fabrication (fours principalement) ont d'ailleurs été localisés.

. Les pipes les plus simples et non ornées sont également les plus récentes.

2. Autres

1. Aucun tesson de céramique préhistorique n'a pas pu être observé, ce qui est assez normal dans le cas d'une prospection du type de celle qui a été menée.
Il est rare en effet de trouver ce genre d'artefacts en surface, et d'autre part les villageois n'y prêtent guère attention, sauf en cas de découverte d'objets entiers, ce qui est exceptionnel.

2. Les documents observés se répartissent comme suit :

. Pots : intacts	: notices 986 – 988 – 989 – 990 – 991 – 994 – 997 – 998 – 1001
débris	: notices 985 – 987 – 995 – 996
. Porcelaine	: notices 999 – 1011 – 1012
. Outils de potier	: notices 1004 – 1008 – 1009 – 1010
. Lampes	: notices 992 – 1007
. Tampons de teinturier	: notices 994 – 1000- 1002 – 1003 (terre cuite) notices 1005 – 1006 (pierre)

Ces terres cuites et pierres gravées – sur toutes leurs faces – sont considérées par Malleret comme des tampons de teinturier.

Quatre de ces tampons ont été acquis par la Mission pour le Musée National où ils sont exposés sous références suivantes :

notice 1002 : L.N.M. A 51
notice 1003 : L.N.M. A 384
notice 1005 : L.N.M. A 320
notice 1006 : L.N.M. A 321

E. DIVERS

Sous cette rubrique figurent 10 documents très dissemblables et difficiles à classer par ailleurs ; ils concernent :

. 3 plats (à repas, de type contemporain) : notices 1017 - 1018 - 1019
. 1 anneau en pierre (peu déterminé) : notice 1013
. 1 corne de rhinocéros (talisman sexuel) : notice 1015
. 1 céramique (poids?, perle?) : notice 1014
. 1 pièce en plomb (indéterminé) : notice 1016
. 1 « trésor familial » (notice 1020) incluant entre autres du matériel d'utilisation du bétel et des bols à riz argentés, des Lat et des monnaies du 19ième siècle, des figurines en cire du Bouddha, des dents de sanglier, un bracelet en métal, des pierres naturelles aux formes tourmentées,...
. 1 container de bombe « à billes » de l'US Air Force utilisé en guise de marche dans une ruelle de village (notice 1021).
. 1 bombe à fragmentation de l'US Air Force, non explosée, d'un poids de plus de 100 kg, lancée en son temps sur une position du Pathet Lao au village de Houaykoum (98) sur la rive gauche du Mékong. Les membres de la Mission ont eu fort à faire auprès des Services nationaux et internationaux compétents pour que des mesures soient prises pour la neutralisation définitive de cet engin, laquelle n'était toujours pas réalisée en début 2001 (notice 1022).

Trésor familial

Mini-bêche

B. De Vientiane a la frontiere cambodgienne

Note préliminaire

La Mission Exploratoire (1997) avait démontré, de manière précise, la rareté, voire la non existence de localités offrant un potentiel archéologique dans la vallée laotienne du Mékong à l'est et au sud de Vientiane.
Nonobstant, la Mission s'est donnée pour tâche de vérifier – de la manière la plus intensive possible – ce constat initial, se proposant en ce sens d'investiguer une cinquantaine de villages riverains du Mékong.

Par ailleurs, pour tenter de trouver une explication à cette carence étonnante de documents archéologiques dans la région concernée, la Mission a procédé, à l'est de l'axe routier n° 13 joignant Paksan à la frontière cambodgienne, à neuf sondages, concernant 25 villages situés dans des zones isolées autant que chose se peut des influences modernistes.

Dès à présent, il s'indique de signaler que sur 51 localités investiguées le long de fleuve Mékong, 11 seulement donneront un résultat positif, soit un taux de 22 %.

Par ailleurs, les 25 villages visités entre l'axe routier n° 13 et le Vietnam fourniront 8 résultats positifs, soit un taux de 32%.

Les tableaux III et IV reprennent la liste des localités visitées. Les cartes de référence du Service géographique de l'Etat Lao sont mentionnées pour chacune des localités, pour autant que ces localités figurent effectivement sur les dites Cartes. Un très bref signalement archéologique concernant les localités visitées figure également sur les Tableaux en question.

TABLEAU III – LOCALITES VISITEES LE LONG DU MEKONG ENTRE VIENTIANE ET LA FRONTIERE CAMBODGIENNE

NUMERO	RIVE	LOCALITE	CARTE DE REFERENCE	DONNEES ARCHEOLOGIQUES
-	G	VIENTIANE	1/100.000 – E.48.74	
181	G	NALONG	1/100.000 – E.48.74	PREHISTOIRE
182	G	THINTHIANG	1/100.000 – E.48.75	-
183	G	NONXAI	1/100.000 – E.48.63	-
184	G	NONGKHIAT	1/100.000 – E.48.63	-
185	G	SAYPHAY	1/100.000 – E.48.63	-
186	G	PHONSAN	1/100.000 – E.48.51	-
187	G	NAMLO	1/100.000 – E.48.51	-
188	G	VEUNTHAT	1/100.000 – E.48.51	-
-	G	PAKXAN	1/100.000 – E.48.52	
189	G	PAKKADING	1/100.000 – E.48.64	-
190	G	BOUNGKOUANG	1/100.000 – E.48.77	-
191	G	NALOUANG		-
192	G	DONE	1/100.000 – E.48.77	-
193	G	NANAM	1/100.000 – E.48.77	-
194	G	PHONG	1/100.000 – E.48.77	-
195	G	THASAVANG	1/100.000 – E.48.77	-
196	G	KAVANEUA	1/100.000 – E.48.77	-
197	G	KAVATAY	1/100.000 – E.48.77	-
198	G	MAYSIVILAY		-
199	G	NABONE		-
200	G	HATNHAY		-
201	G	HOUAHAT	1/100.000 – E.48.77	PREHISTOIRE – PROTOHISTOIRE – PERIODE HISTORIQUE
202	G	HOUAYKHAOMINHNAY	1/100.000 – E.48.90	-
203	G	HOUAYKHAOMINHNOY	1/100.000 – E.48.90	-
204	G	HATNANGKOME		-
205	G	HINBOUNNEUA	1/100.000 – E.48.90	-
-	G	THAKKEK	1/100.000 – E.48.90	
206	G	SIKHOT	1/100.000 – E.48.90	PERIODE HISTORIQUE
207	G	NONGPHOU	1/100.000 – E.48.102	-
208	G	GNANGKHAM	1/100.000 – E.48.102	-
209	G	DONGTAI	1/100.000 – E.48.102	-
210	G	SONGMUANG	1/100.000 – E.48.102	-
211	G	DONKHIOUKANG		-
212	G	MAY		-
213	G	THAKAHM	1/100.000 – E.48.114	-
214	G	THAKHO (THAPHOSAY)	1/100.000 – E.48.114	PROTOHISTOIRE – PERIODE HISTORIQUE
-	G	SAVANNAKHET	1/100.000 – E.48.126	
215	G	PHAKKAGNOI	1/100.000 – E.48.126	PROTOHISTOIRE – PERIODE HISTORIQUE
216	G	THAPHO	1/100.000 – E.48.126	-
217	G	DONGPHOSINOY		-
-	G	PAKSE	1/100.000 – D.48.32	
218	D	KATUP (S. CHAMPASAK)	1/100.000 – D.48.44	-

NUMERO	RIVE	LOCALITE	CARTE DE REFERENCE	DONNEES ARCHEOLOGIQUES
219	G	XENG		PERIODE HISTORIQUE
220	D	KOUANG (S. CHAMPASAK)	1/100.000 – D.48.44	-
221	G	NAPHO		-
222	D	NONGPHAM (S. CHAMPASAK)	1/100.000 – D.48.44	-
223	G	PHALOUANG	1/100.000 – D.48.44	-
224	G	HOUAYPHAI	1/100.000 – D.48.44	-
225	G	NONGBOUAGNAI	1/100.000 – D.48.44	PREHISTOIRE – PROTOHISTOIRE – PERIODE HISTORIQUE
226	G	NONGBOUANOY	1/100.000 – D.48.56	PREHISTOIRE
227	G	BOUN	1/100.000 – D.48.56	-
228	G	PONGPHO	1/100.000 – D.48.56	PREHISTOIRE – PERIODE HISTORIQUE
229	G	THAKOUANG	1/100.000 – D.48.56	-
230	G	PAAO	1/100.000 – D.48.56	-
231	G	KOKPEUAY		-
232	G	MOUANG		PREHISTOIRE
233	G	NAFANGGNAI	1/100.000 – D.48.56	-
234	G	BOUNTAYNOY		-
235	G	KENG	1/100.000 – D48.56	-
236	G	KHONE PHAPHENG	1/100.000 – D48.80	-
-	-	CAMBODGE	1/100.000 – D48.80	

NOTE :

En face de Vientiane et ce jusqu'à la zone au nord de Pakse, la rive droite du Mékong est thaïlandaise

Chutes du Mékong à Khone PhaPheng (236)

a. Le long du Mékong, de Vientiane à la frontière cambodgienne

I. Le milieu humain contemporain

1. Aperçus sur la toponymie et l'histoire des villages

Quelques, trop rares, informations ont été récoltées sur la toponymie et l'histoire des localités de la vallée laotienne du Mékong entre Vientiane et la frontière cambodgienne. Elles sont rapportées ici dans le souci d'amorcer des recherches ultérieures en ce domaine.
Les localités sont présentées dans le sens géographique Nord-Sud. Seules sont reprises ici les localités pour lesquelles des informations toponymiques et historiques ont été récoltées.

190. BOUNGKOUANG

. Toponymie : Boung = Petit chenal (entre un banc de sable et la rive)
Kouang = Cerf

. Histoire : Le village aurait été fondé il y a 500 ans (?)
Culture du riz et du tabac
Les villageois se disent Nho, Lao de la plaine.
En 2000 : 265 maisons – 1257 habitants
District de Pakkading – Province de Bolikhamxay.

191. NALOUANG

. Toponymie : Na = Champs, rizières
Louang = Grand

. Histoire : Le village aurait été fondé il y a 50 ans (?)
Les gens se disent Lao de la plaine.
En 2000 : 75 maisons
District de Pakkading – Province de Bolikhamxay.

192. DONE

. Toponymie : Don (e) = Ile

. Histoire : Le village aurait été fondé il y a 12 générations. Les gens se disent Nian, Lao de la plaine
En 2000, 130 maisons
District de Pakkading – Province de Bolikhamxay.

193. NANAM

. Toponymie : Na = Champs, rizières
Nam = Eau
(= Rizières inondées)

. Histoire : Le village aurait été fondé il y a 150 ans.
Cultures du riz et du tabac.
Inondations fréquentes.
Les gens se disent Phutai, Lao de la plaine.
En 2000 : 186 maisons.
District de Pakkading – Province de Bolikhamxay.

194. PHONG

. Toponymie : Phong = Sablonneux (Si pluie = sable visqueux)
C'est le nom également de la rivière locale.

. Histoire : Le village aurait été fondé il y a 140 ans. Les gens se disent Nian, Lao de la plaine.
En 2000 : 137 maisons
District de Hinboun – Province de Khammouan.

195. THASAVANG

. Toponymie : Tha = Port
Savang = Adéquat, éclairé.

. Histoire : Le village aurait été fondé il y a 250 ans.
En 2000 : 152 maisons
District de Hinboun – Province de Khammouan.

196. KAVANEUA

. Toponymie : Kava = ? (nom d'une rivière)
Neua = Nord

. Histoire : Les gens se disent Phutai, Lao de la plaine.
Inondations fréquentes du village.
En 2000 : 47 maisons.
District de Hinboun – Province de Khammouan.

197. KAVATAY

. Toponymie : Kava = ? (nom d'une rivière)
Tay = Sud

. Histoire : En 2000 : 50 maisons
District de Hinboun – Province de Khammouan.

198. MAYSIVILAY

. Toponymie : May = Nouveau
Sivilay = Civilisation

. **Histoire** : Le village aurait été fondé en 1984. C'est une localité toute neuve, d'où son nom.
Les gens se disent Phutai, Lao de la plaine.
En 2000 : 46 maisons – 220 habitants
District de Hinboun – Province de Khammouan.

199. NABONE

. **Toponymie** : Na = Rizières
Bone = Plante ornementale
. **Histoire** : Le village aurait été fondé il y a un siècle.
Les gens se disent Nian, Lao de la plaine.
En 2000 : 68 maisons
District de Hinboun – Province de Khammouan.

200. HATNHAY

. **Toponymie** : Hat = Banc de sable
Nhay = Grand
. **Histoire** : En 2000 : 74 maisons
District de Hinboun – Province de Khammouan.

201. HOUAHAT

. **Toponymie** : Houa = Tête
Hat = Banc de sable
. **Histoire** : Le village aurait été fondé il y a deux siècles.
En 2000 : 34 maisons.
District de Hinboun – Province de Khammouan.

202. HOUAYKHAOMINHAY

. **Toponymie** : Houay = Rivière
Khaomin = Plante à teinture, de couleur jaune
Nhay = Grand
. **Histoire** : Le village aurait été fondé il y a un siècle.
Les gens se disent Nian, Lao de la Plaine.
District de Hinboun – Province de Khammouan

203. HOUAYKHAOMINHNOY

. **Toponymie** : Houay = Rivière
Khaominh= Plante à teinture, de couleur jaune
Noy = Petit
(Extension du village 202)
. **Histoire** : Les gens se disent Nian, Lao de la plaine.
En 2000 : 41 maisons
District de Hinboun – Province de Khammouan

204. HATNANGKOME

. **Toponymie** : Hat = Banc de sable
Nangkome= Nom du cheval du Roi Chaoanou qui, mort, s'est échoué sur la rive du fleuve, à cet endroit (Vers 1820).
. **Histoire** : Le village aurait été fondé il y a deux siècles.
Population mélangées : Nho, Meuy, leu.
En 2000 : 64 maisons.
District de Hinboun – Province de Khammouan

205. HINBOUNNEUA

. **Toponymie** : Hinboun = Nom de la rivière (aussi dénommée Hinphoun la déformation du ph en b résulte de l'influence vietnamienne). Signifie : Calcaire.
Neua = Nord
. **Histoire** : La localité servit de chef-lieu jusqu'en 1975.
Elle fut un lieu de conflit entre les Thaï et les Français au début du 20ième siècle.
En 2000 : 93 maisons – 520 habitants
District de Hinboun – Province de Khammouan.

211. DONKHIOUKANG

. **Toponymie** : Don = Ile
Khiou = Vert
Kang = Milieu
(= Partie médiane de l'île verte)

214. THAKHO (Thaphosay)

. **Toponymie** : Tha = Port, lieu propice
Kho = Arbre donnant un fruit recherché
. **Histoire** : La localité de Thakho est en fait composée de deux localités :
Thakham = endroit où l'on traverse
Thaphosay = endroit où il y a des figuiers

Vatphou

2. Sites et grottes

Les Sites

Les sites repérés sont peu nombreux. Il semble qu'au 20ième siècle, la région concernée ait été très fortement perturbée tant par le modernisme que par les guerres récentes au point, vu les transferts et brassages de populations, de perdre la mémoire du Passé. Par ailleurs, un certain nombre de villages sont inondés à la saison des hautes eaux. L'apport de limons en résultant ne facilite pas la découverte de sites éventuels.

L'on citera cependant :

01. Houaykhaominhay (202) : Des tessons de poterie ancienne se trouvent de temps à autre à proximité du village actuel, sur l'emplacement présumé d'un ancien village.
02. Hatnangkome (204) : Un Vat (dénommé Vatpo) serait, suite à l'érosion de la rive, tombé dans le fleuve. Il n'en reste qu'une colonne.

Les Grottes

La rive gauche du Mékong, entre Vientiane et la frontière cambodgienne présente peu de reliefs abritant des grottes.
L'on citera cependant :

Hatnay (200) : Au nord du village existe un abri sous roche dénommé Thampha. Il abriterait des statues du Bouddha.

3. Note sur l'artisanat traditionnel

Hormis des techniques de pêche relevant d'un longue tradition, rien de remarquable n'a pu être observé en ce qui concerne l'artisanat traditionnel. La visite d'échoppes villageoises et de marchés locaux n'a pas permis l'observation d'un quelconque objet traditionnel : si cela était déjà vrai au nord de Vientiane, cela l'est encore plus au sud : la « plastic civilisation » a tout envahi, et détruit tout artisanat local.

4. Note sur les croyances des populations relatives aux outils en pierre et en bronze

La Mission n'a pu découvrir de pratiques talismaniques concernant l'outillage préhistorique en pierre, pratiques pourtant généralisées au nord de Vientiane.
Par contre, en ce qui concerne les rares hachettes en bronze observées dans les villages riverains du Mékong, elles font toutes l'objet de pratiques talismaniques, voire de divination : recherche de personnes noyées dans le fleuve et dont on recherche le corps ; recherche de méthodes à suivre pour s'assurer protection et prospérité ;... Certaines hachettes sont mêmes conservées sur une soucoupe sur laquelle on fait brûler de l'encens, lorsqu'on les utilise.

II. DONNEES ARCHEOLOGIQUES

1. Age de la Pierre

Dans les 55 villages visités le long du Mékong entre Vientiane et la frontière cambodgienne, sur une distance estimée de 865 km, seuls 12 outils en pierre ont pu être observés, ainsi qu'un anneau en pierre d'origine peut-être naturelle. Rappelons qu'au nord de Vientiane, sur une distance de près de 1.000 km, 478 documents relevant de l'âge de la pierre avaient été analysés. La disproportion est flagrante. L'outillage du sud est similaire à celui du nord, avec une curieuse quasi totalité (12 outils sur 13) cependant d'outils à tenon exprimé : (notices 1023 à 1035). Aucun outil d'une autre typologie n'a pu être observé. Ce problème mérite réflexion et se devra d'être suivi.

2. Age du Bronze

Dans les 55 villages visités le long du Mékong entre Vientiane et la frontière cambodgienne, sur une distance estimée de 865 km, seuls 3 outils en bronze, ainsi qu'un anneau de pied, ont pu être observés
Rappelons qu'au nord de Vientiane, sur une distance de près de 1.000 km, 144 documents relevant de l'âge du bronze avaient été analysés. Comme pour les artefacts de l'âge de la pierre, la disproportion est flagrante.

La typologie des trois hachettes observées se rapproche pour deux d'entre elles de celle observée au nord de Vientiane. Une des hachettes (notice 1039) est manifestement à rattacher au type « rond » que nous considérons comme le plus archaïque.

3. Période Historique

Toujours dans le même contexte géographique que celui évoqué pour l'âge de la pierre et celui du bronze, seuls 17 artefacts d'inégal intérêt ont pu être observés.
Parmi les objets retenant l'attention figure une remarquable tête en pierre du Bouddha (notice 1049), de petite dimension qui « aurait » été trouvée le long du Mékong sur la rive opposée à celle proche du temple Khmer de Vatphou. Cinq petites statuettes du Bouddha (notices 1050 à 1054), dont une en or, sous forme de pendentif (notice 1052), sont également à signaler. Elles proviennent de vols commis de part et d'autre de la frontière cambodgienne, dans des grottes sacrées, à l'occasion des troubles génocidaires qui ont endeuillé ce pays.
Comme au nord de Vientiane, le lat est bien connu de tous dans l'ensemble des villages visités. Il se confirme une fois encore que le lat était la monnaie de la vallée du Mékong.

b. A l'est de l'axe routier Paksan – frontière cambodgienne

Le **TABLEAU IV** précise les 25 localités visitées.

TABLEAU IV – LOCALITES VISITEES A L'EST DE L'AXE ROUTIER N° 13, DE PAKSAN A LA FRONTIERE CAMBODGIENNE

NUMERO	LOCALITE	CARTE DE REFERENCE	DONNEES ARCHEOLOGIQUES
A.	ROUTE N° 8	Au départ de la Route 13	
237	KOUNNGEUN		-
238	KOUANCHNH		-
239	LAKSAO	1/500.00 – E.48.A	-
240	HOUAYKEO	1/500.00 – E.48.A	-
241	PHONTAN	1/500.00 – E.48.A	-
B.	ROUTE N°	Au départ de Thakkek	
242	GROTTE KOUAN PHAVANG		-
243	MAHAXAY	1/200.000 – E.48.XXVIII	-
C.		Au départ de Thakkek	
244	KOUNPHANNOY		-
245	KOUANPHANNY		-
246	THATHOD		PROTOHISTOIRE
D.		Au départ de Thakkek	
247	NONVILAY VANH (NON SOUNG)		PREHISTOIRE
248	NAKHATANG		-
E.		Au départ de Saravane	
249	PHAYLOM	1/500.000 – D.48.B	-
250	NONGPHEUANG		PERIODE HISTORIQUE
251	DONLAY		PROTOHISTOIRE
252	SAVENE		
F.		Au départ de Savannakhet	
253	NAPHEK	1/200.000 – E.48.XXVIII	PREHISTOIRE – PROTOHISTOIRE
254	PHOXAY	1/200.000 – E.48.XXVIII	
G.		Au départ de Savannakhet	
255	MET	1/200.000 – E.48.XXVIII	-
256	E	1/200.000 – E.48.XXVIII	PERIODE HISTORIQUE
H.		Au sud-est de Paksong	
257	PAKBONG (BOLOVENS)	1/500.000 – D.48. B	-
258	PHANOUANEDONG (BOLOVENS)	1/500.000 – D.48. B	-
259	HOUSANG (BOLOVENS)	1/500.000 – D.48. B	-
I.		Au départ de Paksé	
260	NOKKOK		PREHISTOIRE – PERIODE HISTORIQUE
261	NDANE		PREHISTOIRE

DONNEES ARCHEOLOGIQUES

Les 9 « sondages régionaux » effectués à l'est de l'axe routier Paksan - frontière cambodgienne dans un total de 25 villages n'ont permis l'observation que de 18 documents archéologiques, ainsi qu'il a déjà été signalé, dans 8 villages, soit un taux de 32% de découverte. Le taux de découverte sur les rives du Mékong au sud de Vientiane n'était que de 22%. Il était de 80% au nord de la capitale laotienne.

1. Age de la Pierre

Sur les 13 documents présentés, 9 s'avèrent être des outils à tenon exprimé. Comme ce fut le cas le long du Mékong (12 outils à tenon exprimé sur 13 outils), le nombre d'outils à tenon est étonnamment fort élevé.
Un outil hybride (notice 1066) a pu être observé à Naphek (253), village éloigné des influences modernistes. Il a été traité antérieurement de cette typologie curieuse lors de l'examen de « documents exceptionnels de l'Age de la Pierre » au nord de Vientiane (Page 51).
Par ailleurs, toujours à Naphek (253), un beau fragment d'anneau-disque en pierre (notice 1070) a pu être observé.

2. Age du Bronze

Trois documents seulement ont été présentés (notices 1072 - 1073 - 1074). Deux de ces outils (notices 1071 et 1072) sont d'une typologie particulière, assez peu fréquente.

3. Période Historique

Hormis la confirmation de l'utilisation générale des monnaies Lat dans le Passé, les 25 villages visités n'ont fourni que deux pipes en terre cuite similaires à celles observées jusqu'alors (notices 1074 - 1075).

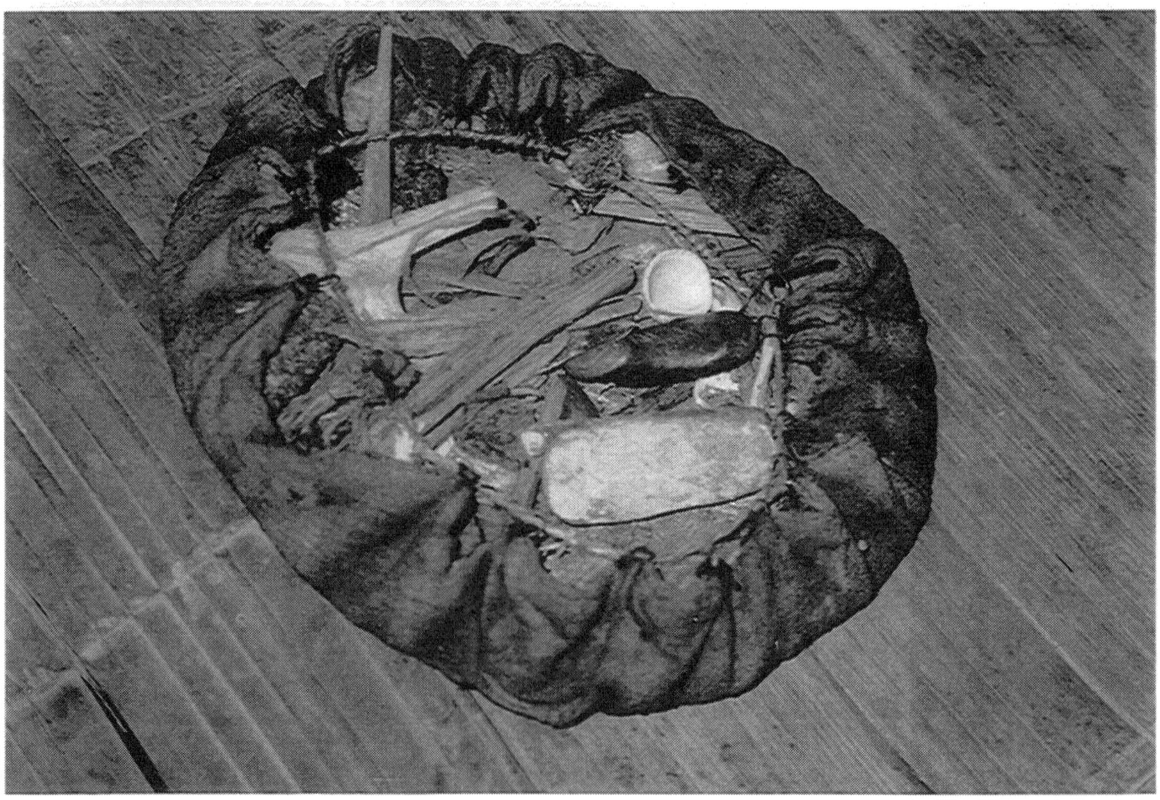

Trésor talismanique

CONCLUSIONS

CONCLUSIONS

I. LE PLAN SCIENTIFIQUE

Nos conclusions s'appliqueront surtout, compte tenu du peu de données acquises au sud de Vientiane, au secteur de la vallée laotienne du Mékong en amont la capitale laotienne.

A. PREHISTOIRE

. Trois outils prénéolithiques ont été découverts, en surface. Leur proportion est évidement infinitésimale, si on l'oppose aux 475 documents du néolithique observés par ailleurs : le rapport est d'un outil du Hoabinhien découvert pour 158 outils du néolithique. Cela sous-entend à priori la réalité d'une présence humaine à cette époque, bien qu'apparemment marginale, dans la vallée du Mékong entre l'actuel district de Paklay et les confins de l'actuelle province de Houayxai, lieux où ont été découverts les artefacts en question. Les constats réalisés dans des grotte proches de Luang Prabang, notamment par Peter Bellwood et Thongsa Sayavongkhamdy, indiquent également une occupation humaine à l'époque Hoabinhienne dans la région concernée.
Cette « marginalité » doit cependant être largement pondérée du fait que la population Hoabinhienne composée vraisemblablement de chasseurs nomades ne pratiquant pas l'agriculture utilisait forcément un outillage beaucoup moins abondant que celui des population du néolithique. L'absence de villages, l'absence d'activités agricoles font forcément que l'outillage Hoabinhien ne peut se retrouver sur des sites similaires à ceux du néolithique. La recherche en ce domaine s'orientera donc ailleurs – l'on pense notamment aux très nombreuses grottes et abris sous roche dont le recensement «raisonné» devrait s'inscrire dans les priorités de la recherche archéologique de la région concernée.

. En ce qui concerne le néolithique, étonnamment exprimé au nord de Vientiane, de nombreuses questions – pour ne pas parler d'énigmes – se posent :

- La découverte d'une « étoile à 12 branches » en pierre soigneusement polie (Voir ante page 44, et Volume II, notice 470) (L.N.M. 291), relevant de l'ère néolithique pourrait ouvrir des voies nouvelles sur l'origine d'étoiles similaires observées notamment à l'époque protohistorique sur des tambours en bronze. A ce jour, il apparaît que ce document n'aurait pas d'équivalent dans l'archéologie préhistorique du sud-est asiatique. A ce titre, il mérite l'attention des chercheurs.

- L'existence d'outils hybrides possédant un tenon taillé sur un seul de leurs côtés intrigue et pose le problème de leur utilisation. Il serait intéressant de connaître l'éventuelle extension de ce type d'outils, particulièrement dans la zone de dispersion des outils à tenon, laquelle comprend – suivant Malleret – « l'Inde orientale, l'Assam, l'Indochine, Formose, les Philippines, une grande partie de la Chine y compris la Mandchourie, la Corée du nord-est, le Japon, et, en Amérique, toute la vallée du Mississippi depuis le Kentucky au nord, puis la Géorgie, le Mexique, la Guyane et le Pérou ».
(Voir ante pages 51/52, et Volume II, notices 467 et 1066)

- Sur le plan de la confection des outils en pierre – déjà évoqué en traitant de l'Age de la Pierre, diverses questions se posent également :

. D'où venaient les matériaux ?
Monsieur Errera, géologue attaché au Musée Royal de l'Afrique Centrale (Tervuren, Belgique) a bien voulu procéder à l'examen d'une Collection de pierres similaires à celles observées le long du Mékong. Ces pierres, dont l'origine précise n'est pas connue, ont été acquises aux fins d'analyse comparative auprès de brocanteurs urbains de Vientiane et de Luang Prabang. Les Conclusions de l'examen effectué par M. Errera figurent en Annexe 11 de la présente étude. Ces conclusions pourraient se voir rapprochées de cartes géologiques locales susceptibles de fournir des localisations assez précises.

. Où étaient « travaillés » les dits matériaux ?
Aucun atelier de taille, aucun polissoir n'ayant été découvert, la question se pose d'une éventuelle « importation » dans la vallée du Mékong depuis des régions plus ou moins lointaines de cet abondant matériel. L'examen de ce problème pourrait ouvrir une réflexion intéressante sur les circuits commerciaux existant à l'ère néolithique.

- La disproportion étonnante du nombre d'outils à tenon par rapport aux outils sans tenon exprimé existant entre le nord et le sud de Vientiane demeure sans explication. Alors que, sur les 464 outils en pierre observés en amont de Vientiane, 111 s'avèrent être des outils à tenon, soit 23,9 %, cette proportion est radicalement renversée entre Vientiane et la frontière cambodgienne :
. Le long du Mékong : 12 outils à tenon sur un total de 13 outils observés, soit 92 % d'outils à tenon.
. (Cette proportion est de 10 outils à tenon sur un total de 12 outils observés, soit 83 % d'outils à tenon, pour la région sondée à l'est de l'axe routier n° 13 entre Paksan et la frontière cambodgienne).

B. PROTOHISTOIRE

- Bien représentée en amont de Vientiane (144 documents), la protohistoire se voit très peu représentée entre Vientiane et la frontière cambodgienne : 4 documents seulement ont pu être observés. (Trois artefacts en bronze, seulement, seront observés à l'est de l'axe routier n° 13 joignant Paksan à la frontière cambodgienne).
- Des questions relatives à l'Age du Bronze ont déjà été posées lors de l'examen de cette période (Voir ante page 56). Il n'y sera donc pas revenu ici.
- Pour tenter d'améliorer la connaissance de cette période, référence sera faite aux travaux plus avancées des régions limitrophes : Chine, Thaïlande, Vietnam. Cette approche des travaux existant dans l'ensemble du sud-est asiatique s'avère sans doute plus pertinente encore pour l'Age du Bronze que pour les autres périodes.

C. Periode historique

- La Mission de Prospection a volontairement écarté les sites historiques notoirement connus parmi lesquels, sans être limitatifs, seront cités : le centre historique et les temples de Luang Prabang, les trop rares vestiges historiques de Vientiane, le site de Vatphou et les vestiges Khmer de cette région du Sud, quelques grottes Bouddhiques et autres devenues la proie du grand tourisme.

La recherche de sites moins connus, et forcément plus modestes en phase initiale d'investigation, a été une des préoccupations de la Mission. Il apparaît qu'une observation systématique des « anciens » villages de la vallée laotienne du Mékong entre Vientiane et la frontière chinoise s'avérerait potentiellement fructueuse, tant il demeure vrai qu'en Archéologie comme ailleurs le dicton « Les petits ruisseaux font les grandes rivières » se vérifie. Dans ce cadre de recherche, une approche plus intensive des monuments religieux (Don Hon, autres Stupa et Vat repris tout au long de la vallée du fleuve par le milieu naturel) devrait s'avérer productive.

- Certains artefacts observés retiennent l'attention et mériteraient des analyses plus intensives : l'on pense aux Poids géométriques et circulaires pour lesquels il semble que leur étude demeure encore à faire ; il en est de même pour de curieux disques de pierres que certains qualifient de poids antérieurs aux poids en métal (mais avec quel type de balances ?). Il en est de même aussi en ce qui concerne des outils archaïques en fer figurant dans les « trésors » (réserves de métal) des forgerons d'antan, sans omettre l'énigme du canon de marine « européen » existant à Paklay. Les « tampons de teinturier » en terre cuite et en pierre mériteraient une étude particulière. Il en est de même des talismans à usage sexuel.

II. La disparite du potentiel archeologique observee entre le Nord et le Sud de Vientiane

ESSAI D'EXPLICATION

A. Les faits

L'extraordinaire disproportion du nombre d'artefacts observable entre l'amont et l'aval de Vientiane a été signalée à plusieurs reprises au cours de l'exposé de cette Etude. Rappelons les faits :

. Sur 180 villages visités entre Vientiane et la frontière chinoise (soit près de 1.000 km), 1.022 artefacts archéologiques ont pu être observés.

. Sur 51 localités investiguées entre Vientiane et la frontière cambodgienne (soit près de 865 km), seuls 34 artefacts archéologiques ont été analysés.

Le rapprochement de ces deux données présente les disparités suivantes :

. Moyenne théorique d'artefacts par village :
- Nord de Vientiane : 5,68 artefacts par village
- Sud de Vientiane : 0,67 artefact par village

. Moyenne théorique d'artefacts par 100 km :
- Nord de Vientiane : 102,2 artefacts par 100 km
- Sud de Vientiane : 3,93 artefacts par 100 km

Si ces données démontrent l'acuité du problème :

. Rapport de 1 à 8,48 pour le nombre d'artefacts par village entre le Sud et le Nord,

. Rapport de 1 à 26 pour le nombre d'artefacts sur 100 km entre le Sud et le Nord,

il va évidemment de soi qu'un tel constat n'est pas absolu, mais constitue cependant un constat de tendances bien réel.

B. Les causes vraisemblables de cette disparite

1. *La disparité de l'environnement géographique* entre le Sud et le Nord de la vallée fluviale joue forcément un rôle non négligeable :

   . Le Nord de la vallée, assez difficile d'accès par voie terrestre, a sans doute plus isolé des influences externes les établissements humains qui s'y étaient formés, d'où une meilleure protection des reliquats humains et notamment des artefacts. Ceci semble avoir particulièrement joué à l'époque contemporaine jusqu'à une période récente pouvant se déterminer jusqu'aux débuts de la seconde guerre mondiale.

   . Le Sud de la vallée, très accessible par voie terrestre, vu le caractère assez plane du relief et l'obligation de non navigabilité du fleuve consécutive aux chutes et rapides infranchissables, fut de temps immémoriaux, rapporte-t-on, parcouru par d'importants groupes humains.
   A l'époque historique, l'on pense aux « colonisateurs » français, et avant ceux-ci aux Thaï et aux Khmer ; sans doute furent-ils aussi nombreux aux époques protohistoriques et préhistoriques.
   Il s'agissait vraisemblablement, en outre, de populations beaucoup plus mobiles que celles existant au Nord où la constance d'occupation des villages donne à penser.

2. Une autre cause de la pénurie d'artefacts archéologiques dans le Sud provient manifestement, surtout pour les époques pré- et protohistoriques, de *la non sédentarité des populations* consécutive aux importantes inondations dûes aux crues du fleuve, et à l'insalubrité (malaria, dengue,...) en résultant
   L'observation du terrain démontre qu'assez rares semblent être les anciens villages. Peu d'outils se découvrent, notamment sur les berges du fleuve, ce qui n'est pas du tout le cas dans le Nord.

3. Les *matériaux* requis pour la confection des artefacts (pierre pour la préhistoire, métaux pour la protohistoire) s'avèrent *difficiles à trouver au sud de l'actuelle Vientiane.*
Il en est résulté, sans doute, l'importation depuis le Nord de la plupart des artefacts observés.
Parmi les 13 outils lithiques observés au Sud, 12 sont des outils à tenon vraisemblablement « importés ».
La typologie des outils observés au Sud diffère quelque peu de celle des outils à tenon observés au Nord ; ils connaissent souvent un tenon beaucoup plus prononcé que celui des outils observés au Nord ; pour certains, ils sont aussi beaucoup plus frustes dans leur confection.
La Collection observée dans le Sud étant réduite, il convient cependant de ne pas généraliser.

4. Parmi les causes plus récentes de la disparité concernée entre le Nord et le Sud figure vraisemblablement la *« collecte »*, pour ne pas dire le « pillage », *des artefacts*, particulièrement pré- et protohistoriques, débuté, avec la découverte de l'archéologie préhistorique en Occident, en fin du 19ième siècle dans le bas-fleuve Mékong et sans doute dans toute sa partie facilement accessible jusqu'à Vientiane.
Les auteurs de l'époque parlent du « rassemblement » de très importantes « collections » d'artefacts s'identifiant plus à une « chasse aux trésors » qu'à une patiente et intensive recherche scientifique.
Le relais de telles appropriations qui se poursuivront tout au long de la période coloniale française sera pris par les spoliations de la deuxième guerre mondiale et de celle du Vietnam, notamment dans les Musées Indochinois où certaines collections laotiennes avaient pris place.
Plus près de notre époque, sous la pression du dénuement social, de nombreuses découvertes récentes semblent avoir pris le chemin des antiquaires et brocanteurs de la Thaïlande voisine où les amateurs nationaux et internationaux ne manquent pas.

III. Recommandations pour la protection du patrimoine archeologique de la vallee laotienne du Mekong

Diverses actions semblent devoir être recommandées pour une protection valable du patrimoine archéologique laotien :

- **La première** est celle d'un *net renforcement des collections nationales*, notamment au Musée National de Vientiane et à celui de Luang Prabang. La création d'un Musée dans le sud du pays semble également nécessaire.
Au départ de ces trois pôles, un sauvetage efficace des documents archéologiques les plus marquants existant dans le Pays pourrait se voir organisé.
Un laboratoire d'analyse et de restauration prendrait sans doute valablement sa place au Musée National de Vientiane.
Les Musées en question - et au moins le Musée national de Vientiane – devraient assumer un rôle éminent sur le plan du développement culturel, notamment par l'organisation progressive de « Centres de documentation archéologique » particulièrement accessibles aux élèves de l'enseignement secondaire et aux étudiants de l'enseignement universitaire.

- Parallèlement, **une deuxième** action de protection du patrimoine archéologique national devrait se voir entreprise par une *application réelle des dispositions légales* existant en la matière. Le Décret Présidentiel du 20 juin 1997 sur la conservation du patrimoine culturel, historique et naturel national devrait se voir plus efficacement appliqué, particulièrement dans le milieu des collecteurs et distributeurs des artefacts du dit patrimoine.

- En outre, **une troisième** prise d'action devrait être entreprise *dans les milieux « touristiques »* en leur demandant d'attirer l'attention de leur clientèle internationale, voire nationale, sur le respect à observer de la législation en matière de conservation du patrimoine national.

Une politique de protection du patrimoine archéologique exige forcément le rassemblement de moyens matériels relativement importants. Sur le plan des budgets officiels, les moyens financiers se voyant limités, il s'avère difficile – si pas impossible – de répondre en temps utile aux impératifs même minima des actions ci- avant décrites.
Cela ne fait que mieux ressortir les possibilités d'une sponsorisation tant nationale qu'internationale à la réalisation de nombreuses actions de sauvetage et de protection du patrimoine concerné.
Sur le plan de l'enrichissement urgent des principaux Musées, vu les détériorations du patrimoine évoquées par ailleurs, des actions spécifiques pourraient se voir entreprises :

- Rassemblement de collections complètes de monnaies anciennes (lat, lingots,...) par le secteur bancaire national ;
- Acquisition au profit des Musées et restauration de pièces archéologiques importantes par des entreprises nationales ;
- Demandes d'assistance au sponsoring international pour un enrichissement de la documentation archéologique au profit de la population, et particulièrement en faveur des élèves et des étudiants.

In fine, il sera suggéré, par les médias nationaux, une très large information à la population de la politique officielle de protection du patrimoine.
Une des grandes leçons de la Prospection entreprise a été en effet de constater, chez un grand nombre de citoyens, l'adhésion naturelle de ceux-ci à la protection de leur patrimoine archéologique. Cette adhésion est cependant rendue fragile, très fragile même, suite à l'invasion matérialiste dénoncée dans l'Introduction de cette Etude, et aux inévitables séquelles qu'elle entraîne.
Les efforts des Dirigeants du Pays pour la sauvegarde des vestiges du passé laotien donnent à espérer.
Puissent les humanistes de toutes origines les encourager en ce sens.

BIBLIOGRAPHIE

BIBLIOGRAPHIE

BAYARD, D. & D. – MARCH, T.

PA MONG ARCHAEOLOGICAL SURVEY
(Preliminary Report on the first season, dec 73 - apr 74)
Departement of Anthropology, University of Otago, 83 p. roneo, Otago (New Zealand), 1974.

BELLWOOD, P.

PREHISTORY OF THE INDO – MALAYSIAN ARCHIPELAGO
University of Hawai'i Press, 385 p., Honolulu, 1997.

BREZILLON, M.

. DICTIONNAIRE DE LA PREHISTOIRE
Larousse, 256 p., Paris,1969.

. LA DENOMINATION DES OBJETS DE PIERRE TAILLEE
C.N.R.S, 427 p., Paris, 1983.

CAMPS, G.

MANUEL DE RECHERCHE PREHISTORIQUE
Doin, 458 p., Paris, 1979.

CLARIDGE & ALii.

COMMUNITY FISHERIES IN LAO P.D.R. : A SURVEY OF TECHNIQUES AND ISSUES
I.U.C.N – The World Conservation Union, 70 p., Vientiane, 1997

COLANI, M.

. BECHE EN FER ACTUELLE DU HAUT-LAOS
(SURVIVANCE D'UNE FORME ANCIENNE)
Bul. de la Société Préhistorique Française, pp. 543-546, (34), Paris, 1937.

. INSTRUMENTS MODERNES INDOCHINOIS
(SURVIVANCES DE TYPES PREHISTORIQUES)
Comptes-rendus du Congrès Préhistorique de France, pp. 721-735, Paris, 1937.

COLLECTIF

DICTIONNAIRE DE LA PREHISTOIRE
Encyclopaedia Universalis & Albin Michel, 1120 p., Paris, 1999.

CRESWELL, O.

EARLY COINAGE OF SOUTH-EAST ASIA
Numismatics International, 46 p., Dallas (U.S.A),1974.

DABAS & Alii

LA PROSPECTION
Ed. Errance, 224 p., Paris, 1998.

DAVIS, B.

PRELIMINARY ARCHAEOLOGICAL INVESTIGATIONS IN EASTERN KHAMMOUAN AND SAVANNAKHET PROVINCES, LAO P.D.R.
Bul. I.P.P.A. (Indo Pacific Prehistory Association), p. 340, (17), Australian national University, Canberra, 1998.

EGLOFF, B.

CONSERVATION OF TAMTING CAVES : PLANNING AND PROCESSES
Bul. I.P.P.A. (Indo Pacific Prehistory Association), pp. 36-37, (17), Australian national University, Canberra, 1998.

FRASER – LU, S.

BURMESE OPIUM WEIGHTS
Arts of Asia, 9 p., Jan-Feb 1982.

GAUCHER, G.

METHODES DE RECHERCHE EN PREHISTOIRE
C.N.R.S., 223 p., Paris, 1990.

GREENE, K.

ARCHAEOLOGY, AN INTRODUCTION
B.T. Batsford Ltd., 190 p., London, 1993

HARMAND, J.

L'HOMME DU MEKONG
Phébus, 253 p., Paris, 1994.

HIGHAM, C.

. THE ARCHAEOLOGY OF MAINLAND SOUTH EAST ASIA
(From 10.000 B.C. to the fall of Angkor)
Cambridge University Press, 387 p., Cambridge, 1989.

. THE BRONZE AGE OF SOUTH EAST ASIA
Cambridge University Press, 381 p., Cambridge, 1996.

HIGHAM, C. – THOSARAT, R.

PREHISTORIC THAILAND
Thames and Hudson, 234 p., London, 1998.

HONG KONG MUSEUM OF HISTORY

COLLECTED ESSAYS ON THE CULTURE OF THE ANCIENT YUE PEOPLE IN SOUTH CHINA
(Exhibition 27 nov 1993 – 20 feb 1994)
Urban Council, Hong Kong, 1993.

KALLEN, A.

LAO PAKO IN THE LATE PREHISTORY OF MAINLAND SOUTHEAST ASIA
Bul. I.P.P.A (Indo Pacific Prehistory Association), pp. 93-100, (19), Australian National University, Canberra, 2000.

KARLSTROM, A.

LAO PAKO, AN IRON AGE SITE ON THE NAM NGUM RIVER IN LAOS
Bul. I.P.P.A. (Indo Pacific Prehistory Association), pp. 85-92, (19), Australian National University, Canberra, 2000.

KALLEN, A. – KARLSTROM, A.

LAO PAKO, A LATE PREHISTORIC SITE ON THE NAM NGUM RIVER IN LAOS
BAR International Series 777, 56 p. et annexes, Oxford, 1999

KIJNGAM, A. – HIGHAM, C. – WIRIYAROMP, W.

PREHISTORIC SETTLEMENT PATTERNS IN NORTH EAST THAILAND
University of Otago Studies in prehistoric anthropology, 143 p. (Vol. 15), Otago (New Zealand), 1980.

KNEEDLER, W.

THE COINS OF NORTH SIAM
The Siam Society, pp. 1-11, (Vol. 29), Bangkok, 1937.
Reprint in Siamese Coins and Tokens
Andrew publishing CY., 389 p., London, 1997.

KOOIJ (VAN), K.

ABIA SOUTH AND SOUTHEAST ASIA ART AND ARCHAEOLOGY (INDEX, VOL I)
Kegan Paul International, 597 p., London, 1999.

LABBE, A.

BAN CHIANG – ARTS AND PREHISTORY OF NORTHEAST THAILAND
Bowers Museum, 86 p., Santa Anna (California, USA), 1985.

LACROZEL, L.

L'AMENAGEMENT DU MEKONG
L'Harmattan, 254 p., Paris, 1998.

LAFONT, P.

BIBLIOGRAPHIE DU LAOS
T. 1 : 1666 – 1961, 269 p.
T. 2 : 1962 – 1975, 413 p.
Ecole Française d'Extrême-Orient, Paris, 1978.

LEROI – GOURHAN, A.

. MILIEU ET TECHNIQUE
Albin Michel, 475 p., Paris, 1973.

. DICTIONNAIRE DE LA PREHISTOIRE
P.U.F., 1222 p., Paris, 1998.

LEROI – GOURHAN, A. & ALII

LA PREHISTOIRE
P.U.F., 364 p., Paris, 1977.

MAGLIONI, R.

(THE MAJOR WRITING OF…)
ARCHAEOLOGICAL DISCOVERY IN EASTERN KWANGTUNG
Hong Kong Archaeological Society, Journal Monograph II, 137 p., Hong Kong, 1975.

MALLERET, L.

L'ARCHEOLOGIE DU DELTA DU MEKONG (7 VOLUMES)
T. 1 : L'exploration archéologique et les fouilles d'Oc-èo
2 volumes, Paris, 1959.
T. 2 : La civilisation matérielle d'Oc-èo
2 volumes (398 p. + 112 pl.), Paris, 1960.
T. 3 : La culture de Fou-Nan
2 volumes (500 p. + 101 pl.), Paris, 1962.
T. 4 : Le Cisbassac
1 volume (278 p. + 50 pl.), Paris, 1963
Ecole Française d'Extrême-Orient, Paris.

MANSUR – FRANCHOMME, M.

MICROSCOPIE DU MATERIEL LITHIQUE PREHISTORIQUE
C.N.R.S, 286 p., Paris, 1986.

MARINI (de), P.

RELATION NOUVELLE ET CURIEUSE DE ROYAUME DE LAO (1666)
(traduit de l'italien)
Gervais Clouzier, 436 p., Paris, 17° S.

MAY (le)

THE COINAGE OF SIAM
The Siam Society, Bangkok, 1962.
Reprint in Siamese Coins and Tokens
Andrew publishing Cy, 389 p., London, 1977.

MITCHINER, M.

ORIENTAL COINS AND THEIR VALUES
(NON ISLAMIC STATES & WESTERN COLONIES A.D. 600 –1979)
Hawkins Publications, 640 p., London, 1979.

MUNIER, C.

SACRED ROCKS AND BUDDHIST CAVES IN THAILAND
White Lotus, 266 p., Bangkok, 1998.

MUNIER, C. – WITTAYARAT, D.

LES BORNES RITUELLES SEMAS
Archaeologia, pp. 46-54, (n° 355), Dijon, avril 1999.

PARMENTIER, H.

L'ART DU LAOS
Ecole Française d'Extrême-Orient, 104 p. + ph. + pl., Paris, 1988.

PHONG THAMMAVONG

. DE PETITS OBJETS QUI NOUS PARLENT DE NOTRE HISTOIRE
Le Rénovateur, n° 108, Vientiane, 21 dec 2000.

. PRESERVER LE PATRIMOINE LAO
Le Rénovateur, n° 113, Vientiane, 25 jan 2001.

. FREINER LA VENTE DU PATRIMOINE NATIONAL
Le Rénovateur, n° 119, Vientiane, 8 mar 2001.

RAYMAEKERS, P.

. MEMORIAL DU BUREAU D'ETUDES POUR UN DEVELOPPEMENT HARMONISE
(1956-1996 + MISE A JOUR 2000)
B.E.D.H., 133 p. + 118 ph., Bruxelles, 1997.

. PREHISTOIRE ET PROTOHISTOIRE DU HAUT – FLEUVE COMOE (COTE D'IVOIRE)
Académie Royale belge des Sciences d'Outre – Mer, Bul. des Séances, pp. 125-144, (44/2), Bruxelles, 1998.

. PROSPECTION ARCHEOLOGIQUE AU LAOS (17-31 DEC 1997)
MISSION EXPLORATOIRE
Notes de travail 17/1998, B.E.D.H., Bruxelles, 1998.

. PROSPECTION ARCHEOLOGIQUE AU LAOS (17 NOV-20 DEC 1998)
VALLEE DU MEKONG : I. BIEF VIENTIANE – LUANG PRABANG
Notes de travail 20/1999, B.E.D.H., Bruxelles, 1999.

. PROSPECTION ARCHEOLOGIQUE DE LA VALLEE LAOTIENNE DU FLEUVE MEKONG : I. BIEF VIENTIANE – LUANG PRABANG (21 NOV-16 DEC 1998).
RAPPORT PRELIMINAIRE
B.E.D.H., 71 p. + ill., Bruxelles, 1999.

. PROSPECTION ARCHEOLOGIQUE AU LAOS (31 OCT-23 DEC 1999)
- VALLEE DU MEKONG : II. BIEF LUANG PRABANG – TANG O
Notes de travail 22/2000, B.ED.H., Bruxelles, 2000.

. PROSPECTION ARCHEOLOGIQUE DE LA VALLEE LAOTIENNE DU FLEUVE MEKONG : II. BIEF LUANG PRABANG – TANG O (04 NOV-15 DEC 1999).
RAPPORT PRELIMINAIRE.
B.E.D.H., 67 p. + ill., Bruxelles, 2000.

. PROSPECTION ARCHEOLOGIQUE AU LAOS (17 NOV-7 JAN 2001)
- VALLEE DU MEKONG : III. BIEF VIENTIANE – CAMBODGE, ET COMPLEMENTS
Notes de travail 23/2001, B.E.D.H., Bruxelles, 2001.

ROBINSON, M. – SHAW, L.

THE COINS AND BANKNOTES OF BURMA
Lancashire and Cheshire Numismatic Society, 160 p., Manchester, 1980.

SAURIN, M. – CARBONNEL, J.

EVOLUTION PREHISTORIQUE DE LA PENINSULE INDOCHINOISE D'APRES LES DONNEES RECENTES
PaléOrient, pp. 133-165, Vol. 2/1, Paris, 1974.

SAYAVONGKHAMDY, T.

RECENT ARCHAEOLOGICAL RESEARCH IN LAOS
Bul. I.P.PA. (Indo Pacific Prehistory Association), p. 66, (17), Australian National University, Canberra, 1998.

ANNEXE 4

MODELE C ATTESTATION

N° D'INVENTAIRE : ......

LOCALITE : ....

Il est attesté par la présente que le document archéologique décrit succinctement ci-après : .... a été examiné par la Mission de prospection archéologique belgo-laotienne de 19... (Dr. P.E. Raymaekers - Mr. V. Souksavatdy).

Le document présenté fait partie du patrimoine culturel Lao et se voit protégé par Mr. ....qui l'a présenté à la dite Mission, agissant ainsi en tant que Conservateur.

Ainsi fait à ....,

le ...../............../199...

(S) ....

Viengkeo SOUKSAVATDY
Directeur de la Section d'Archéologie
Ministère de l'Information et de la Culture
(B.P. 122 - VIENTIANE, Laos).

MODELE C

ແບບຟອມ ຈ

ໃບຢັ້ງຢືນ

ເລກທະບຽນ : ....

ສະຖານທີ່ຄົ້ນພົບ : ....

ໄດ້ຢັ້ງຢືນວ່າຫຼັກຖານທາງບູຮານຄະດີ ທີ່ໄດ້ຄົ້ນພົບນະທີ່ນີ້ ຊຶ່ງມີລັກສະນະຮູບປະພັນ ໂດຍສັງເຂບດັ່ງຕໍ່ໄປນີ້ :.. ..... ໄດ້ຜ່ານການກວດສອບໂດຍຄະນະສຳຫຼວດບູຮານຄະດີ ແບນຊິກ-ລາວ ເມື່ອປີ 1998 ເປັນທີ່ຮຽບຮ້ອຍແລ້ວ (ນຳໂດຍ ດຣ. ໂປນລ໌ ເຣແມັກແກຣ໌ ແລະ ທ່ານ ວຽງແກ້ວ ສຸກສະຫວັດດີ).

ວັດຖຸບູຮານທີ່ສຳຫຼວດພົບຄັ້ງນີ້ ເປັນສ່ວນໜຶ່ງຂອງມໍລະດົກວັດທະນະທຳຂອງລາວ ແລະ ປັດຈຸບັນນີ້ ແມ່ນຢູ່ພາຍໃຕ້ການຄຸ້ມຄອງຂອງ : .... ຜູ້ຊຶ່ງໄດ້ນຳມາແຈ້ງຕໍ່ຄະນະສຳຫຼວດຄັ້ງນີ້ ໃນນາມທີ່ເປັນຜູ້ປົກປັກຮັກສາວັດຖຸດັ່ງກ່າວ.

ຈຶ່ງໄດ້ອອກໃບຢັ້ງຢືນສະບັບນີ້ ໄວ້ເປັນຫຼັກຖານ, ທີ່.. .....

ວັນທີ ..../........../ 199...

ລາຍເຊັນເຈົ້າໜ້າທີ່ ....

ວຽງແກ້ວ ສຸກສະຫວັດດີ
ຫົວໜ້າພະແນກຄຸ້ມຄອງວັດຖຸບູຮານ
ກົມພິພິທະພັນແລະວັດຖຸບູຮານ
ກະຊວງຖະແຫຼງຂ່າວ ແລະວັດທະນະທຳ
ຕູ້ ປ.ນ. 122, ວຽງຈັນ.

ANNEXES

ANNEXES

ANNEXE 1

Lao People's Democratic Republic
0
100
200 km
CHINA
VIETNAM
HANOI
MYANMAR (BURMA)
Phongsali
Dien Bien Phu
Luang Nam Tha
Muang Xai
Sam Neua
Vieng Sai
Houdyxai
Pakbeng
Pak Ou
Nam Ou
Nam Seuang
Nam Khan
Luang Phabang
Mekong River
Xaignabouli
Phonsavan
Nam Ngum
LAOS
SOUTH CHINA SEA
Pakxan
Paklay
VIENTIANE
Nong Khai
Udon Thani
Thakkek
Nakhon
Se Noi
Savannakhet
Lao Bao
To Hue
THAILAND
Se Don
Salavan
Ubon Ratchathani
Nakhon Ratchasima
Pakse
Champasak
To Bangkok
CAMBODIA
To Strong Heng

ANNEXE 2

MODELE A FICHE SIGNALETIQUE DE DOCUMENT N° D'INVENTAIRE : ....

DATE : ....../..../2000. LOCALITE : ....

DESCRIPTION : ....

....

....

....

COULEUR : ....

MENSURATIONS (CM)	BASE	MILIEU	SOMMET
- LONGUEUR	....	....	....
- LARGEUR	....	....	....
- EPAISSEUR	....	....	....
- POIDS (Gr)	....		

LIEU ET CONDITIONS DE DECOUVERTE (suivant dires du Conservateur) :

....

....

....

....

....

OBSERVATIONS DIVERSES :

....

....

....

Fiche établie par : Paul R. / Viengkéo S.

AVIS DE LA MISSION

....

....

....

....

PHOTO (s) ....

ANNEXE 3

MODELE B FICHE TOPONYMIQUE ET HISTORIQUE DE LOCALITE N° D'ORDRE : ....

DATE : ..../......./ 2000. LOCALITE : ....

INFORMATIONS TOPONYMIQUES : ....

....

....

....

....

....

- -

INFORMATIONS HISTORIQUES : ....

....

....

....

....

....

....

....

Fiche établie par Samlane L.A.

- -

AVIS DE LA MISSION

....

....

....

....

....

....

(Si nécessaire, utilisez le Verso).

- -

NOM & QUALITE DES INFORMATEURS

....

....

ANNEXE 4

MODELE C ATTESTATION N° D'INVENTAIRE : .....

LOCALITE : ....

Il est attesté par la présente que le document archéologique décrit succinctement ci-après : .... a été examiné par la Mission de prospection archéologique belgo-laotienne de 19.. (Dr. P.E. Raymaekers - Mr. V. Souksavatdy).

Le document présenté fait partie du patrimoine culturel Lao et se voit protégé par Mr. ....qui l'a présenté à la dite Mission, agissant ainsi en tant que Conservateur.

Ainsi fait à ....,

le ...../............../199..

(S) ....

Viengkeo SOUKSAVATDY
Directeur de la Section d'Archéologie
Ministère de l'Information et de la Culture
(B.P. 122 - VIENTIANE, Laos).

MODELE C

ແບບຟອມ ຈ ໃບຢັ້ງຢືນ ເລກທະບຽນ : ....

ສະຖານທີ່ຄົ້ນພົບ : ....

ໄດ້ຢັ້ງຢືນວ່າຫຼັກຖານທາງບູຮານຄະດີ ທີ່ໄດ້ຄົ້ນພົບນະທີ່ນີ້ ຊຶ່ງມີລັກສະນະຮູບປະພັນ ໂດຍສັງເຂບດັ່ງຕໍ່ໄປນີ້ : ....

ໄດ້ຜ່ານການກວດສອບໂດຍຄະນະສຳຫຼວດບູຮານຄະດີ ແບນຊິກ-ລາວ ເມື່ອປີ 1998 ເປັນທີ່ຮຽບຮ້ອຍແລ້ວ (ນຳໂດຍ ດຣ. ໂປນລ໌ ເຣແມັກແກຣ໌ ແລະ ທ່ານ ວຽງແກ້ວ ສຸກສະຫວັດດີ).

ວັດຖຸບູຮານທີ່ສຳຫຼວດພົບຄັ້ງນີ້ ເປັນສ່ວນໜຶ່ງຂອງມໍລະດົກວັດທະນະທຳຂອງລາວ ແລະ ປັດຈຸບັນນີ້ ແມ່ນຢູ່ພາຍໃຕ້ການຄຸ້ມຄອງຂອງ : .... ຜູ້ຊຶ່ງໄດ້ນຳມາແຈ້ງຕໍ່ຄະນະສຳຫຼວດຄັ້ງນີ້ ໃນນາມທີ່ເປັນຜູ້ປົກປັກຮັກສາວັດຖຸດັ່ງກ່າວ.

ຈຶ່ງໄດ້ອອກໃບຢັ້ງຢືນສະບັບນີ້ ໄວ້ເປັນຫຼັກຖານ, ທີ່...

ວັນທີ ..../........../ 199...

ລາຍເຊັນເຈົ້າໜ້າທີ່ ....

ວຽງແກ້ວ ສຸກສະຫວັດດີ
ຫົວໜ້າພະແນກຄຸ້ມຄອງວັດຖຸບູຮານ
ກົມພິພິທະພັນແລະວັດຖຸບູຮານ
ກະຊວງຖະແຫຼງຂ່າວ ແລະວັດທະນະທຳ
ຕູ້ ປ.ນ. 122, ວຽງຈັນ.

Statue du Bouddha (1)

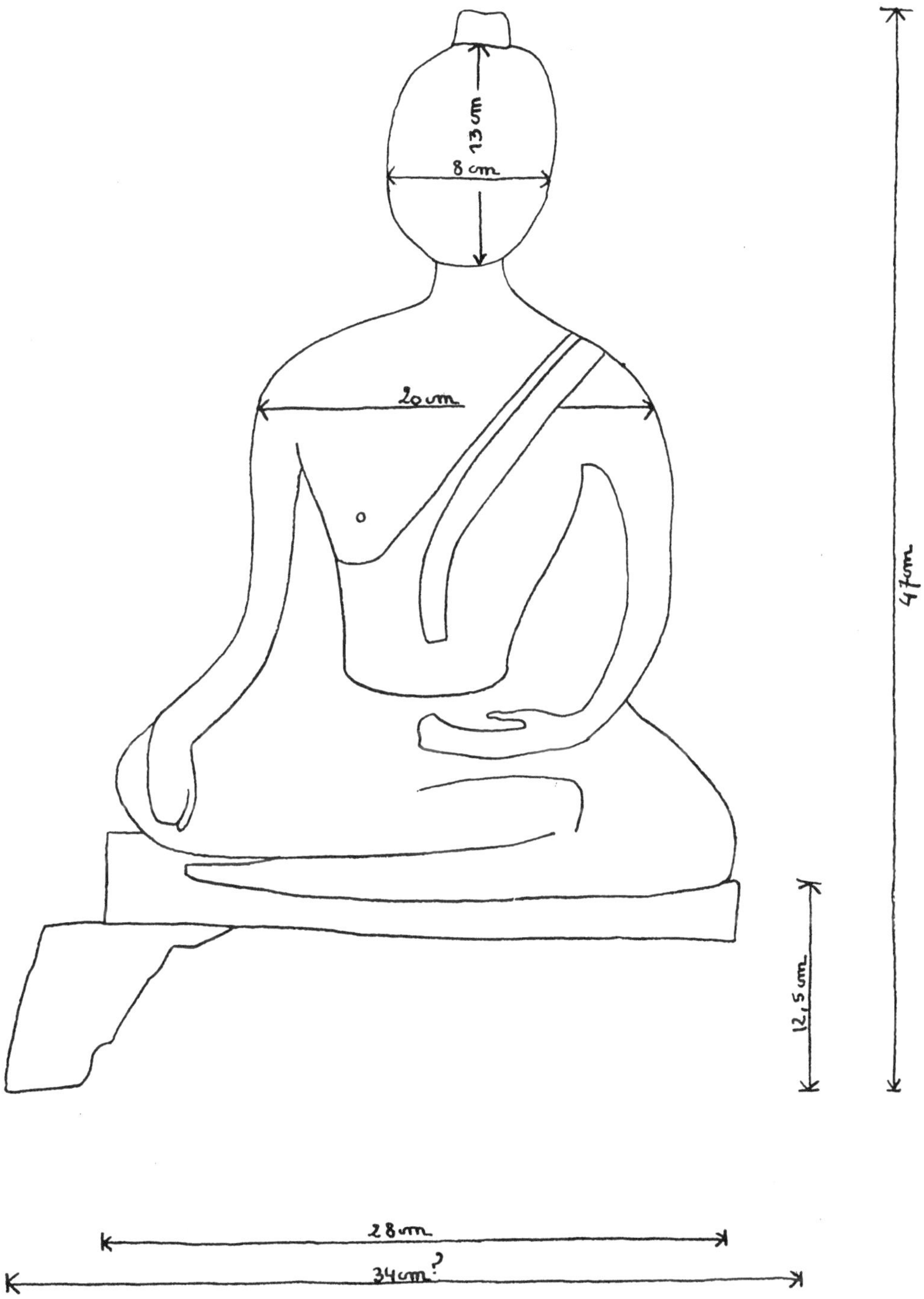

Profondeur : 15 cm

Notice 814

(Voir Volume I, page 63)

Statue du Bouddha (2)

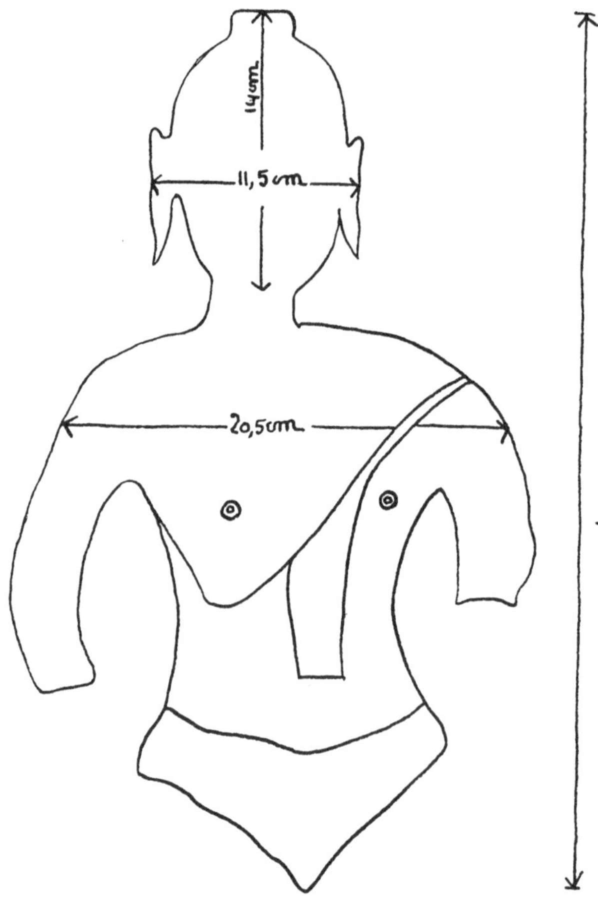

Profondeur : 11,5 cm

Notice 815

(Voir Volume I, page 64)

Grand Stupa

LEGENDE

Echelle : 1/100 (1cm = 1m)

//// : Briques cuites

La face N.O. du Stupa a été éventrée par des pillards. Cette face se situait en 1999 sur le flanc de la berge séparant le haut et le bas de l'île.

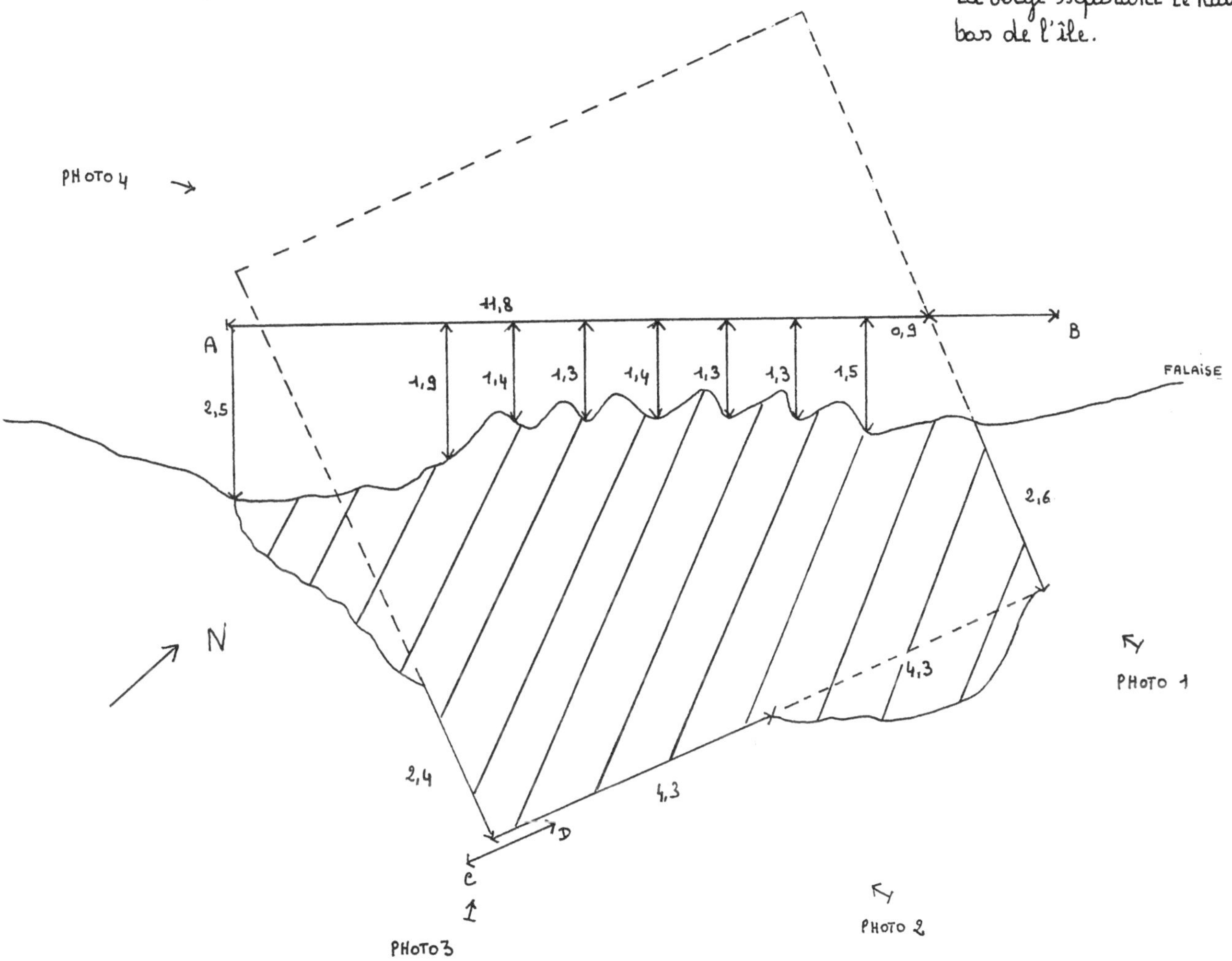

LEGENDE

Coupe C.D (Ouest du Stupa)

Echelle : 1/10 (1cm = 10cm)

//// : Les briques sont revêtues de stuc.

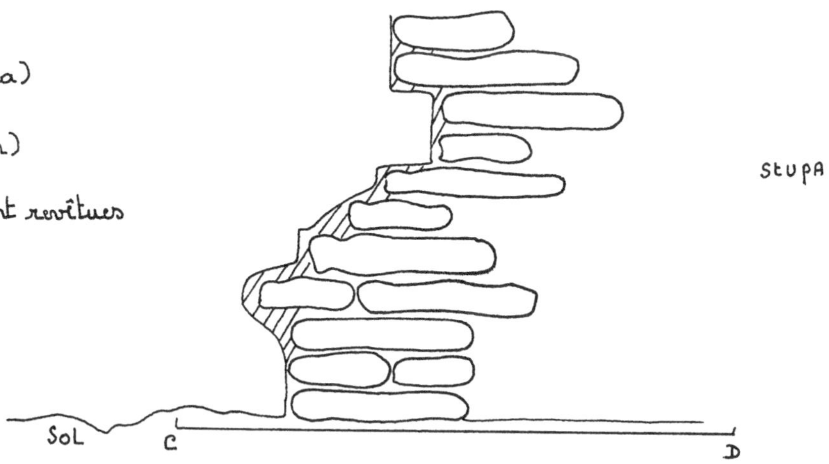

K. VS.

Grand Stupa

2

Grand Stupa

4

Brussels Art Laboratory

Nuclear Section
Institut Supérieur Industriel
de Bruxelles

DATING
MARKING
RESTORATION
AUTHENTICATION

ANNEXE 7 c

Réf. : DAT/Raym/2000(154/707)

CERTIFICAT DE DATATION PAR LA THERMOLUMINESCENCE

Je soussigné, P.H. Laycock, expert en art et spécialiste des techniques de laboratoire, agréé par la Chambre Belge des Experts en Oeuvres d'Art et par la Chambre Belge des Experts Chargés de Missions Judiciaires et d'Arbitrages, déclare par la présente avoir soumis au test de datation par la thermoluminescence le fragment céramique portant votre référence "A/Rive/D.H." et provenant de la base d'un stupa situé sur une île du Mékhong.

Sur base de cet examen T.L., je certifie que la pâte céramique, dont un échantillon a été prélevé par nos soins, fut cuite pour la dernière fois il y a environ 850 ans (marge d'erreur : +/- 25%).

Fait à Bruxelles, en double exemplaire, de bonne foi et avec la rigueur scientifique requise, le 10 avril 2000.

P.H. LAYCOCK

Note 1 : tous les objets sont soumis, au préalable, à un examen au binoculaire de l'état de surface.
Note 2 : tous les échantillons ont été prélevés, par nos soins, suivant les règles d'art.
Note 3 : la date obtenue est celle correspondant à l'échantillon prélevé qui, dans certains cas (cf. restauration), pourrait ne pas être représentatif de l'ensemble de l'objet à authentifier.
Note 4 : l'âge fourni par la TL est celui correspondant à la dernière cuisson de la pâte céramique.
Note 5 : la date obtenue présuppose que l'objet n'ait pas été irradié à l'aide de rayons X/Y ou d'un flux de neutrons.
Note 6 : l'authenticité de l'objet implique que celui-ci n'ait pas été constitué à partir de fragments anciens pulvérisés.

OFFICE, MICROSCOPY AND RESTORATION : 141, AVENUE WINSTON CHURCHILL, BTE 1 - 1180 BRUXELLES - BELGIUM
THERMOLUMINESCENCE AND CHEMICAL ANALYSIS : 150, RUE ROYALE - 1000 BRUXELLES
TEL. : +32.2.344.54.70 - FAX : +32.2.346.14.94 - TVA : BE 554.351.931 - KREDIETBANK : 432.2020741.83
MEMBER OF THE INSTITUT SUPERIEUR DE RECHERCHE APPLIQUEE POUR LES INDUSTRIES NUCLEAIRES
ET LES TECHNIQUES NOUVELLES

ANNEXE 7(e)

Le 25/04/2000

Echantillon : 154/707

Equivalent dose calculation (Addition Method)

TL signals integrated between 300 and 460 deg C

Least - squares fit

Polynomial coefficients:
0 6.539231E+0003 Sigma = 4.070653E+0002
1 1.559606E+0001 Sigma = 3.142321E-0001

Correlation coefficient: 0.997

Equivalent dose value: -4.19
Low value: -4.55
High value: -3.85

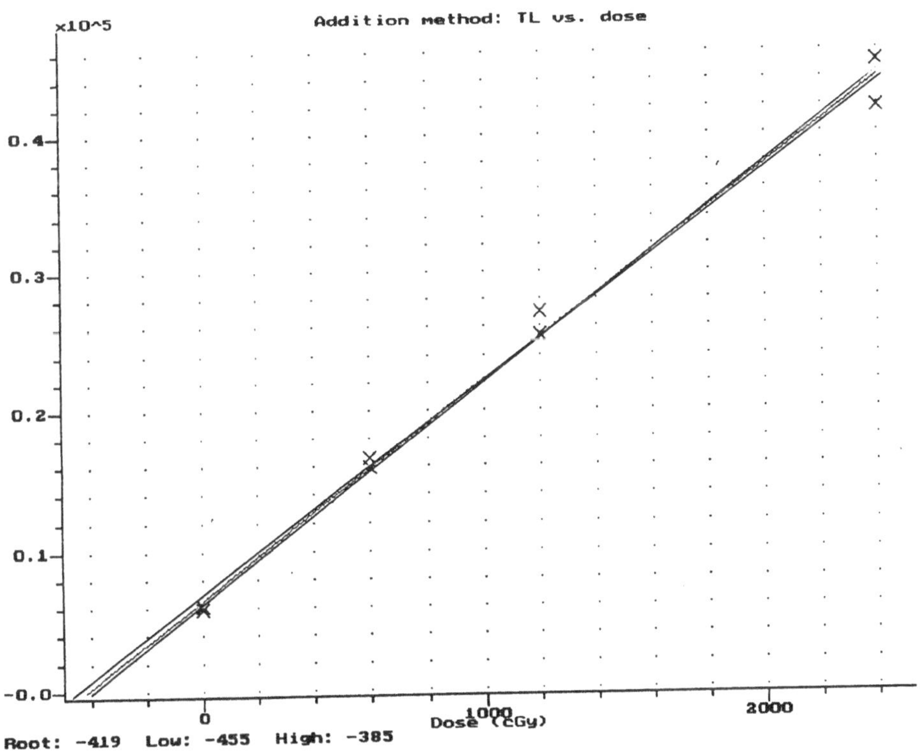

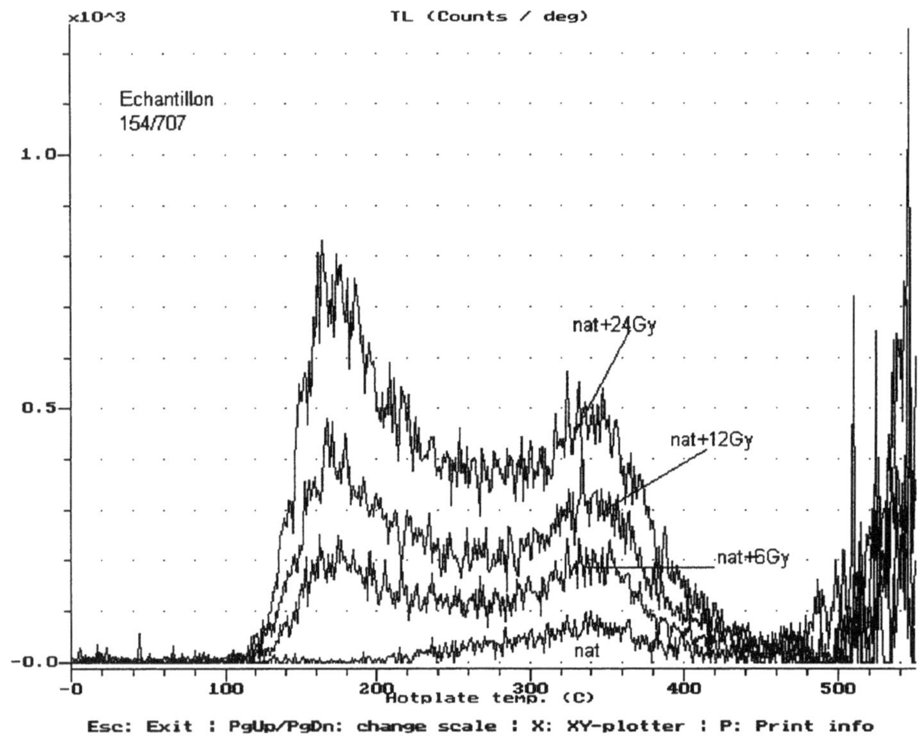

La dose reçue par l'échantillon est de 4,19 Gy. Sur base d'une valeur moyenne de 5 Gy sur 1000 ans, cette dose correspond à un âge d'environ 850 ans.

DON HON

Vat

ANNEXE 8 (a)

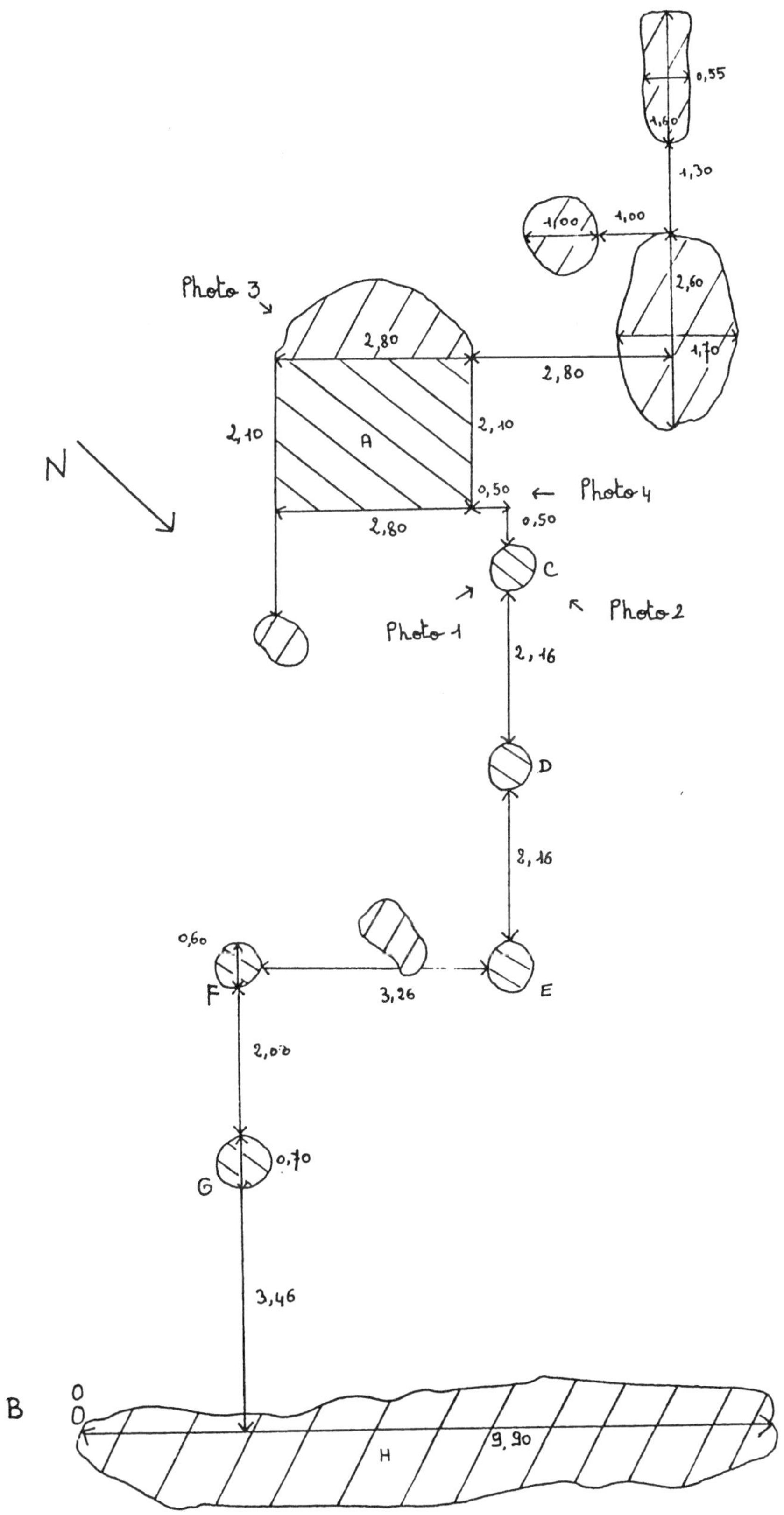

LEGENDE

Echelle : 1/100 (1cm = 1m)

\\\ /// : Restes de constructions en briques cuites.

A : Muret (autel ?) de 0,75 m de haut.

B : 2 Sema en pierre de 0,20 m de haut.

C à G : Colonnes en briques cuites : Ø = 0,60 m
C Hauteur 4,60 m
D à F Hauteur 0,65 m
G Hauteur 0,30 m

H : Escalier (?)

K.V.S.

Vat

1

2

Vat

3

4

Brussels Art Laboratory

ANNEXE 8 (

Nuclear Section
Institut Supérieur Industriel
de Bruxelles

DATING
MARKING
RESTORATION
AUTHENTICATION

Réf. : DAT/Raym/2000(153/706)

CERTIFICAT DE DATATION PAR LA THERMOLUMINESCENCE

Je soussigné, P.H. Laycock, expert en art et spécialiste des techniques de laboratoire, agréé par la Chambre Belge des Experts en Oeuvres d'Art et par la Chambre Belge des Experts Chargés de Missions Judiciaires et d'Arbitrages, déclare par la présente avoir soumis au test de datation par la thermoluminescence le fragment céramique portant votre référence "B/Milieu/D.H." et provenant de la tablette supérieure de l'autel d'un temple laotien.

Sur base de cet examen T.L., je certifie que la pâte céramique, dont un échantillon a été prélevé par nos soins, fut cuite pour la dernière fois il y a environ 200 ans (marge d'erreur : +/- 25%).

Fait à Bruxelles, en double exemplaire, de bonne foi et avec la rigueur scientifique requise, le 10 avril 2000.

P.H. LAYCOCK

Note 1 : tous les objets sont soumis, au préalable, à un examen au binoculaire de l'état de surface.
Note 2 : tous les échantillons ont été prélevés, par nos soins, suivant les règles d'art.
Note 3 : la date obtenue est celle correspondant à l'échantillon prélevé qui, dans certains cas (cf. restauration), pourrait ne pas être représentatif de l'ensemble de l'objet à authentifier.
Note 4 : l'âge fourni par la TL est celui correspondant à la dernière cuisson de la pâte céramique.
Note 5 : la date obtenue présuppose que l'objet n'ait pas été irradié à l'aide de rayons X/Y ou d'un flux de neutrons.
Note 6 : l'authenticité de l'objet implique que celui-ci n'ait pas été constitué à partir de fragments anciens pulvérisés.

OFFICE, MICROSCOPY AND RESTORATION : 141, AVENUE WINSTON CHURCHILL, BTE 1 - 1180 BRUXELLES - BELGIUM
THERMOLUMINESCENCE AND CHEMICAL ANALYSIS : 150, RUE ROYALE - 1000 BRUXELLES
TEL. : +32.2.344.54.70 - FAX : +32.2.346.14.94 - TVA : BE 554.351.931 - KREDIETBANK : 432.2020741.83
MEMBER OF THE INSTITUT SUPERIEUR DE RECHERCHE APPLIQUEE POUR LES INDUSTRIES NUCLEAIRES ET LES TECHNIQUES NOUVELLES

ANNEXE 8(e)

Echantillon : 153/706

Le 25/04/2000

Equivalent dose calculation (Addition Method)

TL signals integrated between 280 and 420 deg C

Least - squares fit

Polynomial coefficients:
0 3.754975E+0004 Sigma = 1.517085E+0004
1 4.499660E+0002 Sigma = 1.234455E+0001

Correlation coefficient: 0.994

Equivalent dose value: -0.83
Low value: -1.20
High value: -0.48

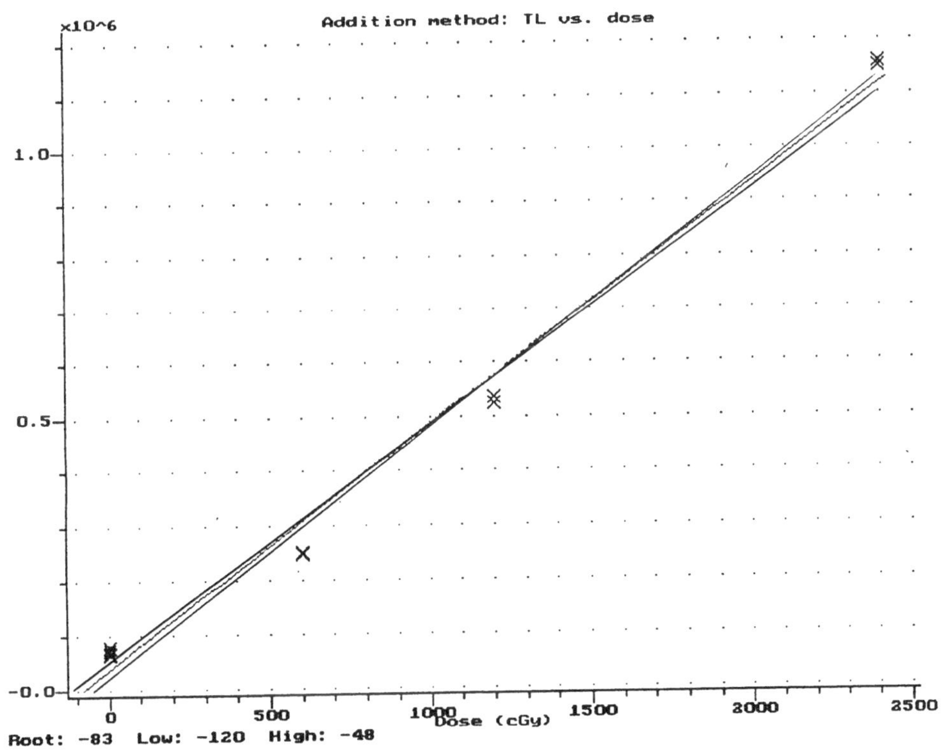

ANNEXE 8 (f

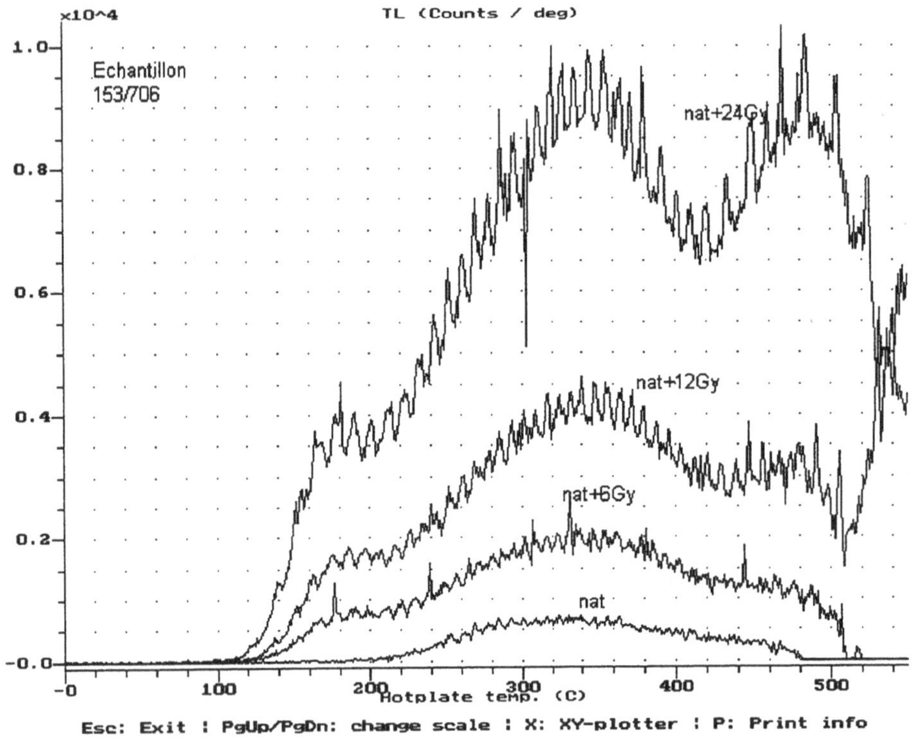

La dose reçue par l'échantillon est de 0,83 Gy. Sur base d'une valeur moyenne de 5 Gy sur 1000 ans, cette dose correspond à un âge d'environ 200 ans.

THAM PHA HON

ANNEXE 9

Plan Sommaire

LEGENDE

Echelle : 1/500 (1cm = 5m).
//// : Roche calcaire.
Le sol de la grotte est abondamment recouvert de guano de chauves-souris.
(symbole) : Différence en hauteur (de 4 à 5 m).
27 : Distance exprimée en mètres.

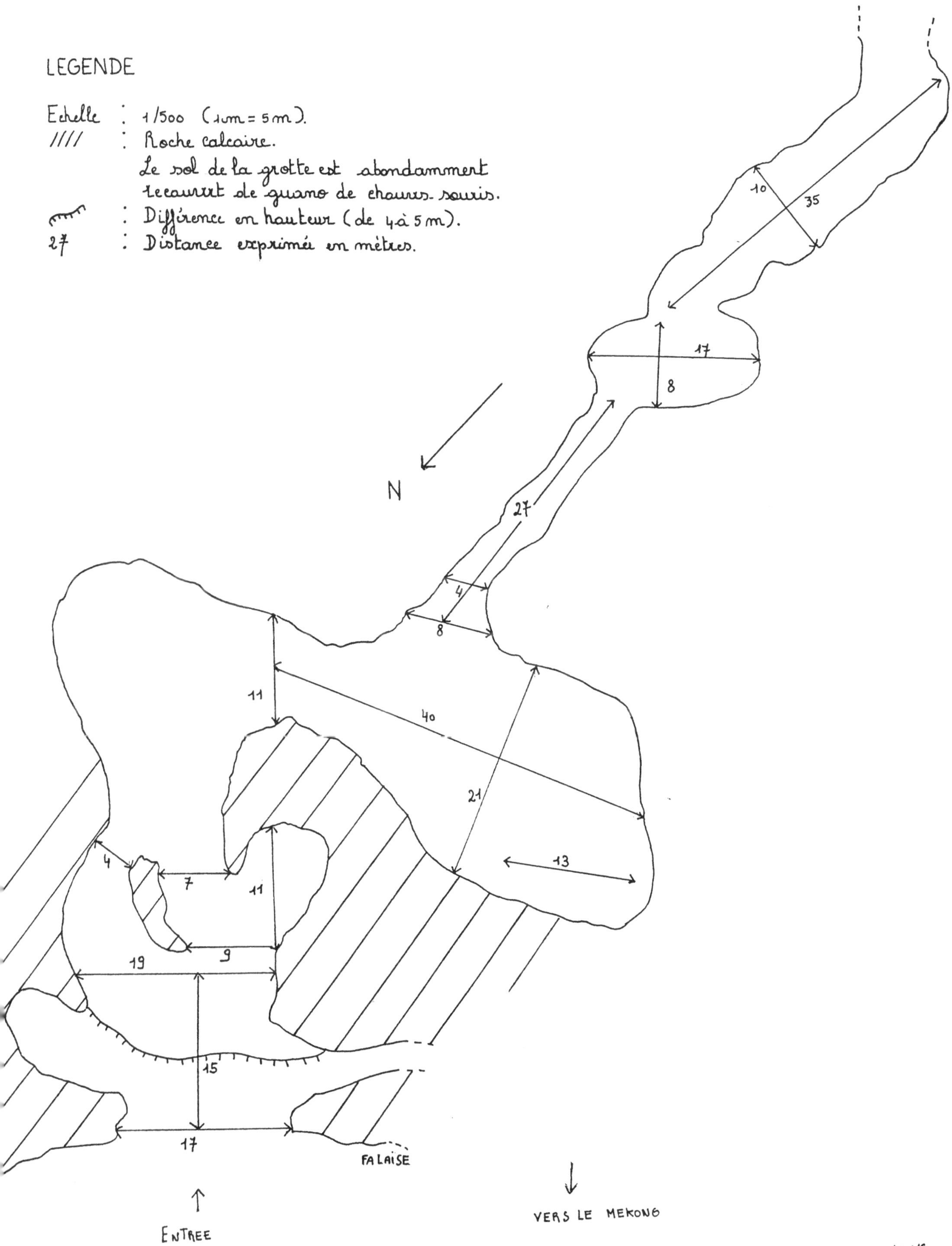

K.VS.

THAM PHA HON

HAM PHADENG

THAM PHADENG **ANNEXE 10**

Plan Sommaire

LEGENDE

Echelle : 1/100 (1cm = 1m)
\\\\ : Sol sablonneux
Ailleurs : Roche (calcaire)

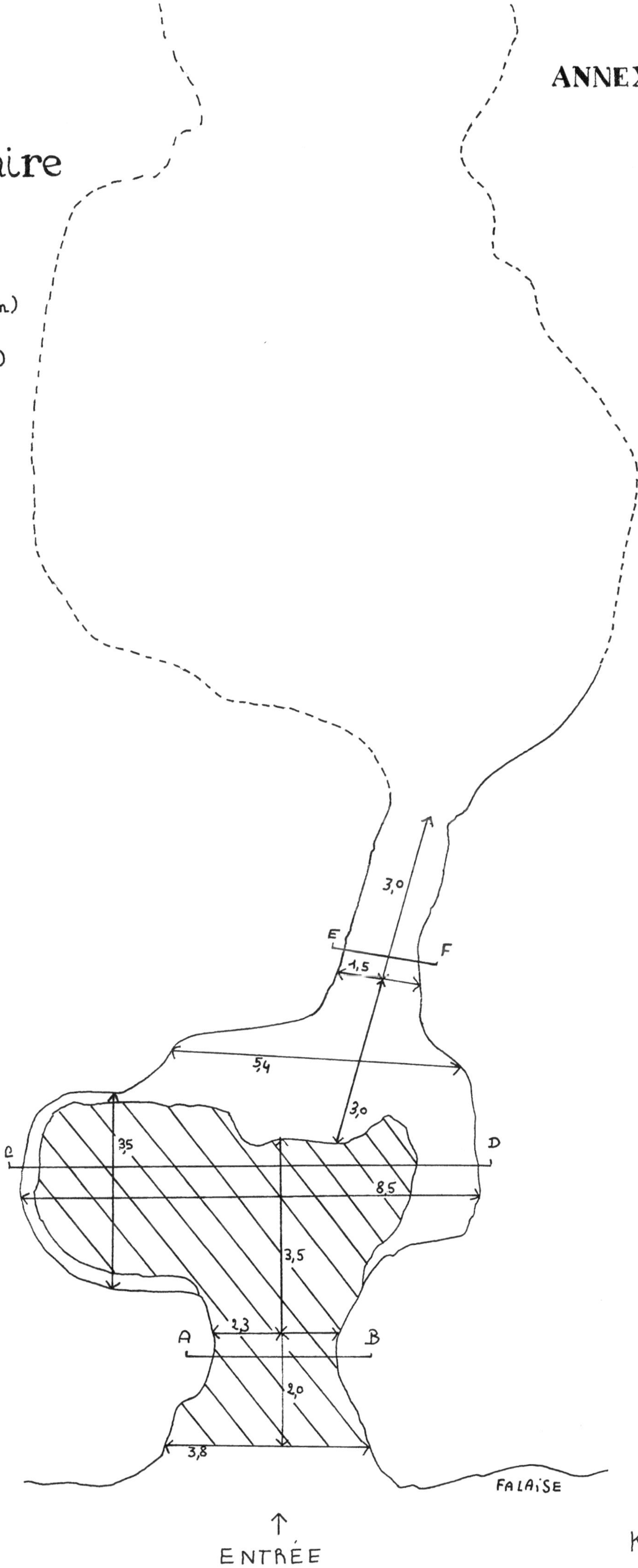

N

K.VS.

Examen spectroradiométrique préliminaire d'objets archéologiques d'origine laotienne.

Par Michel G. L. Errera, Dr. Sc.
Département de Géologie et de Minéralogie,
Musée royal de l'Afrique centrale,
B-3080 Tervuren

Résumé.- Quelques 73 objets, principalement des lames de hache ou d'herminette en pierre polie, ont été étudiés par spectroradiométrie en réflectance diffuse. Ces objets ont été réunis au cours de diverses missions archéologiques au Laos et leur étude, en Europe, doit servir de référence pour les collections faisant partie du patrimoine de ce pays. Un examen spectroradiométrique préliminaire fait ressortir l'existence de plusieurs groupes lithologiques parmi lesquels les roches apparentées aux trachytes, aux trachyandésites, aux microgranites ou surtout aux leptynites semblent dominer. Ces constatations sont corroborées par les distributions des densités. Outre un moyen de détermination non destructif, rapide, souple et peu coûteux, la spectroradiométrie en réflectance diffuse s'avère être une méthode de comparaison particulièrement efficace et prometteuse en archéologie, pour autant qu'elle se base sur un référentiel adéquat.

Objets étudiés et buts de l'étude

Une importante collection, réunie dans le dessein de servir de matériel de référence avec celles qui font partie du patrimoine national laotien, a été examinée par spectroradiométrie, une technique d'analyse non destructive qui a connu, ces dernières années, un fort développement grâce aux progrès de l'imagerie satellitaire et de l'informatique. Cette collection de référence comprend, non seulement un grand nombre de lames de hache ou d'herminette en pierre polie, avec ou sans tenons, mais aussi quelques « bracelets » entiers ou brisés et d'autres objets dont l'usage n'est pas connu. Parmi les haches, deux sont de particulièrement grande dimension : près de 22,5 cm (réf. La 59) pour la première, 21,6 cm (réf. La 24) pour la seconde. Le tableau 1 donne la référence de chaque pièce analysée, la correspondance avec le spectre réalisé, les remarques éventuelles, la couleur dominante, le poids et la densité. Les autres données archéologiques sont reprises dans le corps de ce volume. Toutefois, vu le peu de temps imparti à la réalisation de cette étude, les résultats ne peuvent être considérés que comme des préliminaires devant guider les futures observations de terrain. Des résultats plus complets sont prévus dans les mois à venir.

Méthodes utilisées

Les spectres des divers objets ont été obtenus par spectroradiométrie UV-VIS-NIR en réflectance diffuse. Cette méthode s'est révélée être un bon outil de détermination minéralogique (Hunt et Salibury, 1970 ; Clark, 1999 ; Errera, 1995 ; 1999a ; 1999b ; 2000) et surtout un excellent moyen de comparaison pétrographique (Hunt *et al.*, 1973 ; Errera, 1999c). Elle a été suffisamment décrite précédemment (*id.*) pour qu'il soit inutile de revenir sur ce point. Les caractéristiques du spectroradiomètre utilisés sont reprises dans le tableau 2.

Les pièces analysées paraissant suffisamment homogènes par rapport à la fenêtre du spectroradiomètre, sauf exception, un seul spectre a été réalisé par objet. De plus, une mesure de la densité a été effectuée par double pesée hydrostatique. Cette méthode simple permet souvent, en cas de spectres homographes ou peu contrastés, de lever d'éventuelles indéterminations. Lors de cette dernière mesure, les couleurs des objets ont été déterminées par référence avec la « Munsell Rock-Color Chart » et un examen visuel rapide a été réalisé.

Afin de normaliser les spectres obtenus, le continuum (ensemble des absorptions de fond ou d'arrière-plan) a été développé par les techniques habituelles, ce qui permet une comparaison plus aisée de leurs caractéristiques.

Bien que n'altérant en rien leur lisibilité, il faut signaler plusieurs artefacts qui affectent les courbes présentées : l'importante chute de la réflectance entre 312 nm et 450 nm environ due à des chemins optiques différents pour la référence et pour la cible, les changements de détecteurs ou de réseaux à 648, 1042 et 1781 nm, les points singuliers dans la radiation incidente à 1214 et 1817 nm dus à l'éclairage utilisé et enfin les changements de gains, facilement reconnaissables par un saut brusque, mais dont l'exacte localisation est fonction de l'intensité des radiations réfléchies. Les étalonnages peuvent réduire de nombreux artefacts mais non les supprimer totalement. Les courbes sont brutes et les valeurs de la réflectance non lissées.

Résultats préliminaires de l'étude spectroradiométrique

Dans l'ensemble, les spectres sont peu contrastés et l'albédo est moyen à faible, ce qui correspond aux couleurs observées. Ils paraissent aussi relativement homogènes bien que, dans le détail, des différences petites mais significativement importantes, apparaissent, surtout au niveau des liaisons –OH comprises entre 2000 et 2500 nm. Une analyse en grappe préliminaire fait ressortir au moins 7 groupes spectraux bien individualisés (figures 1a et 1b). Certains de ces groupes sont suffisamment homogènes pour permettre de considérer que les objets qui les constituent proviennent d'un même type lithologique, d'autres pourraient représenter des variations de patines au sein de types lithologiques voisins. Dans un cas particulier (figures 2a et 2b), les spectres semblent apparentés à ceux des gneiss albitiques (Albite Gneiss, 390B, Colorado *in* Hunt et Salisbury, 1976) dans lesquels la chlorite produit les faibles absorptions dues au fer ferreux et ferrique visibles vers 700, 850 et 1100 nm et contribue aux absorptions dues aux liaisons –OH et H–OH. Ces dernières semblent surtout provoquées par la muscovite (ou, ce ne peut être exclu, par la montmorillonite) pour les liaisons –OH et par de fines inclusions aqueuses habituelles dans le quartz et les feldspaths. Elles se marquent vers 1404 et 1904 nm pour –OH et H-OH et vers 2206, 2347 et 2437 nm pour les liaisons Al-OH. Les absorptions correspondantes dans les spectres examinés se situent vers 716, 950, 1108, 1415, 1925, 2218, 2344 et 2436 nm. Toutefois, l'examen macroscopique visuel ne fait apparaître ni foliation marquée, ni cristaux visibles à l'œil nu comme ce devrait être le cas dans les gneiss albitiques. Dès lors, d'autres roches de teinte claire de composition similaire doivent aussi être considérées comme, par exemple, les rhyolites et surtout les leptynites pour lesquelles il n'existe pas spectre de référence dans les banques de données. Dans d'autres cas, les spectres s'apparentent plutôt à des roches du type trachyte, trachyandésite ou micrograntes, aux phonolites ou aux cornéennes.

Les roches schisteuses ou carbonatées semblent faire défaut ou être exceptionnelles, ainsi d'ailleurs que les amphibolites, les pyroxénites, les serpentines etc. Les spectres de très faible albédo sont souvent difficilement interprétables et peuvent représenter aussi bien des schistes noirs (phtanites) que des roches magmatiques effusives (basaltes, obsidiennes) par exemple.

Mesures de densité

En plus des mesures spectroradiométriques, chaque pièce analysée a fait l'objet d'une mesure de densité par double pesée hydrostatique. Cette méthode simple permet souvent, en cas de spectres homographes ou peu contrastés, de lever d'éventuelles indéterminations.

L'examen statistique de la distribution des densités (figures 3a et 3b) fait clairement ressortir de multiples populations parmi lesquelles deux semblent plus importantes. Il semble bien que l'une de ces dernières correspond au groupe décrit plus haut, avec une densité comprise entre 2,51±0,07 et 2,68±0,04 et une densité moyenne de 2,64 avec un écart type de 0,05. Ces mesures corroborent clairement la composition lithologique déduite de l'examen spectroradiométrique préliminaire. En effet, les granites ont habituellement une densité moyenne de 2.667, les granodiorites de 2.716 et celle des gneiss est comprise entre 2.7 et 2.95.

Conclusions préliminaires

L'examen spectroradiométrique préliminaire des objets analysés, fait clairement ressortir l'importance de constituer un échantillonnage de référence des roches susceptibles d'avoir fourni les matériaux utilisés pour leur fabrication. Cette méthodologie permettra sans doute d'éviter d'avoir recours à des techniques de détermination destructives ou partiellement destructives (lames minces etc.) même sur des groupes homogènes. En effet, les caractéristiques spectroradiométriques observées ne sont pas assez significatives pour permettre des déterminations univoques. Par exemple, dans le cas du groupe cité plus haut, les seules données spectrales, interprétées sans prudence, auraient pu conduire à une détermination douteuse - un gneiss albitique -, alors que le simple examen visuel montrait une structure aphanitique sans foliation visible, ce qui contredit évidemment l'appellation de gneiss.

Les principales banques de données disponibles ont été réalisées, dans les années 70, pour permettre des comparaisons avec les données satellitaires. Elles ne peuvent donc être complètes pour d'autres objectifs. Dès lors, il est très important de constituer des banques de données ciblées pour des objectifs particuliers, comme l'archéologie.

Références bibliographiques

Clark, R.N. (1999) - Spectroscopy of Rocks and Minerals, and Principles of Spectroscopy. - *In :* Manual of Remote Sensing (A. Rencz Éd.).

Errera, M. (1995) – Application de la spectroradiométrie à l'identification de pierres précieuses. - *Mus. roy. Afr. centr., Tervuren (Belg.), Dépt. Géol. Min., Rapp. ann. 1993 & 1994)*, 109-128.

Errera, M. (1999a) - La spectroradiométrie, une technique de pointe au service de l'archéologie. - *Mus. rég. Préhistoire, Orgnac-l'Aven (Fr.), Rapport non publié*, 82 p.

Errera, M. (1999b) – Détermination spectroradiométrique de la turquoise et de ses principaux substituts. - *Mus. roy. Afr. centr., Tervuren (Belg.), Dépt. Géol. Min., Rapp. ann. 1997-1998*, 245-271.

Errera, M. (1999c) - Application de la spectroradiométrie à des haches en roche verte du Musée régional de Préhistoire à Orgnac-l'Aven (Ardèche, France). - *Mus. roy. Afr. centr., Tervuren (Belg.), Dépt. Géol. Min., Rapp. ann. 1997-1998*, 221-244.

Hunt, G. et Salisbury, J. (1970) - Visible and near-infrared spectra of minerals and rocks : I. Silcates minerals. - *Modern Geology*, 1, 283-300.

Hunt, G. et Salisbury, J. (1976) - Visible and near-infrared spectra of minerals and rocks : XII. Metamorphic rocks. - *Modern Geology*, 5, 219-228.

Hunt, G., Salisbury, J. et Lenhoff Ch. (1973) - Visible and near-infrared spectra of minerals and rocks : VII. Acidic igneous rocks. - *Modern Geology*, 4, 217-224.

Spectres	Référence	Remarques	Couleur	Poids en gr	Densité
Laos_001	La 62	Pièce rainurée sans forme p	O3	342,70	2,70
Laos_002	Sans référence	Bacsonien (or)	5Y 3/2	89,56	2,98
Laos_003	Sans référence	Sumatralith, Don Hon	10YR 6/2 XX	88,52	2,82
Laos_004	manque				
Laos_005	Sans référence	Sumatralith, Houayxay	10YR 6/4	137,10	2,59
Laos_006	La 63	Hoabinhien	5Y 7/2 XX	182,68	2,67
Laos_007	La 29		5Y 4/1 XX	99,94	2,46
Laos_008	La 45		10YR 4/2 XX	32,93	2,26
Laos_009	La 60	Pièce en forme de disque	10YR 4/2	76,81	2,53
Laos_010	La 43	Morceau de " bracelet "	5Y 3/2	21,78	2,69
Laos_011	La 42	" Bracelet "	10YR 6/2 XX	127,11	2,77
Laos_012	La 64		10YR 4/2	32,93	2,67
Laos_013	La 24		5Y 2/1	340,43	2,70
Laos_014	La 59	Surface patinée	5Y 3/2	492,28	2,78
Laos_015	La 59	Surface fraîche	5G 5/1	492,28	2,78
Laos_016	La 1		5Y 6/2	126,49	2,70
Laos_017	La 53		10YR 6/4	191,52	2,85
Laos_018	La 44	Roche poreuse, foliée	5YR 3/2	94,13	2,29
Laos_019	La 22		5Y 3/2	60,80	2,77
Laos_020	La 57		5Y 4/1	45,40	2,81
Laos_021	La 4		5Y 3/2	64,96	2,68
Laos_022	La 48		5Y 6/2	28,91	2,60
Laos_023	La 36		5Y 7/3	41,49	2,69
Laos_024	La 33		10YR 6/2 XX	36,31	2,66
Laos_025	La 51		10YR 6/3	41,04	2,67
Laos_026	La 11		10YR 4/2	21,90	2,60
Laos_027	La 58		10YR 4/2	58,50	2,69
Laos_028	La 69		5Y 2/1	50,07	2,66
Laos_029	La 14		5Y 3/2	102,64	2,73
Laos_030	La 23		5Y 2/1	51,87	2,62
Laos_031	La 10		5Y 2/1 XX	29,66	2,74
Laos_032	La 18		5YR 2/2	46,66	2,78
Laos_033	La 34		5YR 5/2	45,61	2,62
Laos_034	La 16		5YR 2/2	29,68	2,96
Laos_035	La 71		5YR 3/2	47,25	2,82
Laos_036	La 21		10Y 4/2	28,16	2,68
Laos_037	La 72		5YR 3/3	49,36	2,43
Laos_038	La 15		10YR 4/2 XX	43,29	2,70
Laos_039	La 19		5Y 3/2 XX	58,64	2,74
Laos_040	La 66		5YR 5/2	52,99	2,67
Laos_041	La 50		10YR 5/2	47,03	2,68
Laos_042	La 12	Roche poreuse	5Y 6/4	25,44	2,57
Laos_043	La 12	Roche poreuse	5Y 6/4	25,44	2,57
Laos_044	La 61		5Y 5/3	26,49	2,90
Laos_045	La 28		5GY 6/1 XX	33,56	2,82
Laos_046	La 31		10YR 7/4 XX	65,21	2,67
Laos_047	La 37		10YR 2/2	41,74	2,90
Laos_048	La 49		5Y 5/2	45,69	2,68
Laos_049	La 67		5Y 5/4 XX	67,02	2,74
Laos_050	La 5		5Y 4/3	18,77	2,87
Laos_051	La 30		5Y 4/1	56,08	2,65
Laos_052	La 74		5Y 6/1 XX	60,51	2,59
Laos_053	La 32		5Y 7/2 XX	43,45	2,67
Laos_054	La 17		10YR 6/2	23,97	2,63

Tableau 1 : correrspondance entre les spectres et les références des pièces analysées ; données d'observation - page 1 -

Spectres	Référence	Remarques	Couleur	Poids en gr	Densité
Laos_055	La 65		5Y 4/1	72,35	2,71
Laos_056	La 35		10YR 6/3	60,61	2,67
Laos_057	La 55		10YR 4/2	71,75	2,76
Laos_058	La 73		10YR 6/2 XX	72,47	2,67
Laos_059	La 2	Partie polie	5YR 2/1	91,49	2,72
Laos_060	La 2	Partie altérée	10YR 6/3	91,49	2,72
Laos_061	La 52		5Y 6/4	66,06	2,75
Laos_062	La 38		N6 XX	41,13	2,91
Laos_063	La 8		5GY 5/2 XX	33,27	3,01
Laos_064	La 13		5Y 6/2	59,58	2,96
Laos_065	La 3		5YR 6/2	100,04	2,68
Laos_066	La 70		5Y 7/2 XX	38,24	2,67
Laos_067	La 6		5Y 7/3	26,51	2,85
Laos_068	manque				
Laos_069	La 54	Roche poreuse	10YR 6/2 XX	32,38	2,67
Laos_070	La 47		10YR 4/2	70,33	2,69
Laos_071	La 25	Roche poreuse ?	5Y 7/3 XX	113,99	2,68
Laos_072	La 56	Roche poreuse ?	5Y 6/3	105,63	2,66
Laos_073	La 7		5Y 7/2 XX	51,45	2,64
Laos_074	La 46		N7 XX	50,86	2,97
Laos_075	La 9	Roche poreuse ?	5Y 8/4 XX	74,65	2,69
Laos_076	La 20		10YR 7/3	57,21	2,70
Laos_077	La 27		5Y 7/2	26,18	2,36
Laos_078	La 26		5Y 7/2 XX	17,12	2,52

Tableau 1 : correspondance entre les spectres et les références des pièces analysées ; données d'observation - page 2 -

Spectroradiomètre à haute résolution IRIS (Infrared Intelligent Spectroradiometer) Mark V de GER (Geophyical & Environmental Research Corp., Milbrook, New York).

1)	Nombre de voies simultanées :	1 voie cible	1 voie référence
2)	Possibilité de mesures :	DFOV SFOV	Cible/Référence Cible, Référence
3)	Couverture spectrale et résolution :	312 à 1042 nm 1044 à 1781 nm 1787 à 2509 nm	(2 nm) (4 nm) (6 nm)
		Possibilité de mesure programmable entre 300 et 3000 nm.	
4)	Détecteurs :	Si PbS	de 312 à 1042 nm de 1044 à 2955 nm
5)	Réseaux de diffraction :	1a- 1b- 2- 3-	de 312 à 648 nm de 650 à 1042 nm de 1044 à 1781 nm de 1787 à 2955 nm
6)	Nombre de canaux utilisés :	876	(max. 995)
7)	Recouvrements :	de 1022 à 1042 de 1741 à 1781	(7 canaux) (11 canaux)
8)	Calibration en longueur d'onde :	lampe Krypton Pen Ray UVP n°6031	
9)	Bruits de fond :	inf. à 0,5% inf. à 0,5%	entre 454 et 1042 nm entre 1044 et 2509 nm
10)	Champ de mesure :	0,5 à 1 cm/1 à 2 cm	(4° * 6°)
11)	Distance à la cible :	30 cm environ	10 cm min.
12)	Temps de mesure :	1 min 15 sec	(programmable)
13)	Mobilité : toutes configurations (laboratoire, intérieur, extérieur, échafaudage etc.)		
14)	Poids de la tête :	6,4 kg	
15)	Éclairage : 100 watts min. par lampe quartz-iode	(DC = 13,8 v)	t° > 3400°K

Logiciels utilisés

avant 1996 : GER Iris programs

1996-ce jour : GER Signature software V 1.1.

Caractéristiques des références utilisées

avant 1996 : $BaSO_4$ sur support non traité, pas de corrections

1996-1997 : $BaSO_4$ sur support traité, avec corrections

1998-ce jour : Spectralon SRT-99-050, sans correction

Résultats escomptés : détermination de la nature d'objets minéraux problématiques par une méthode absolument non destructive (minéraux purs ou constitutifs de roches) ; dans certains cas, détermination de l'origine de ces objets ; constitution de bases de données spectrales de référence.

Domaines d'application : archéologie, gemmologie, glyptique, muséologie, pierres de construction, statuaire, etc.

Tableau 2 : Caractéristiques du Spectroradiomètre utilisé (configuration 1996 à ce jour)

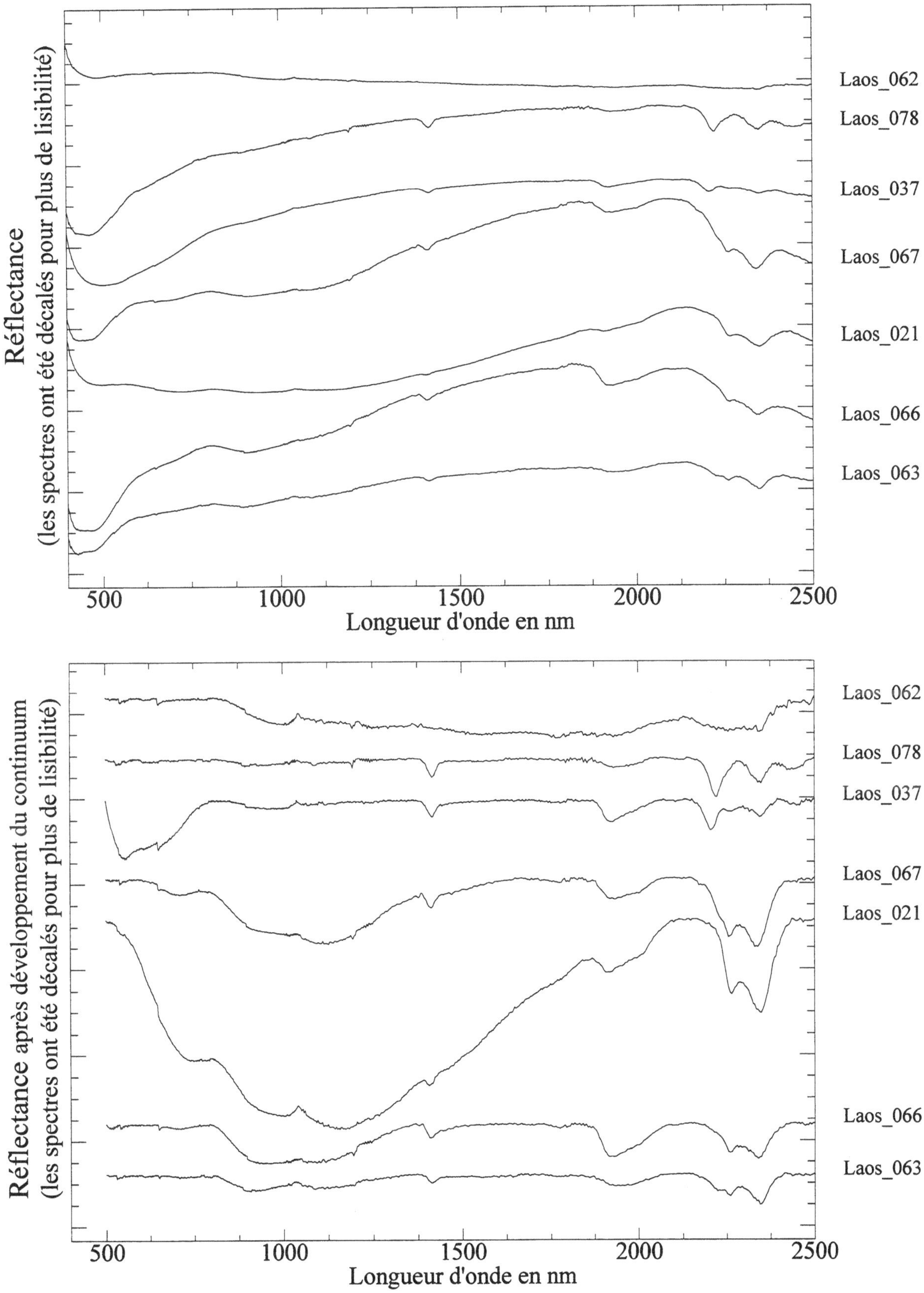

Figures 1a et 1b : Spectres caractéristiques
de divers objets archéologiques d'origine laotienne

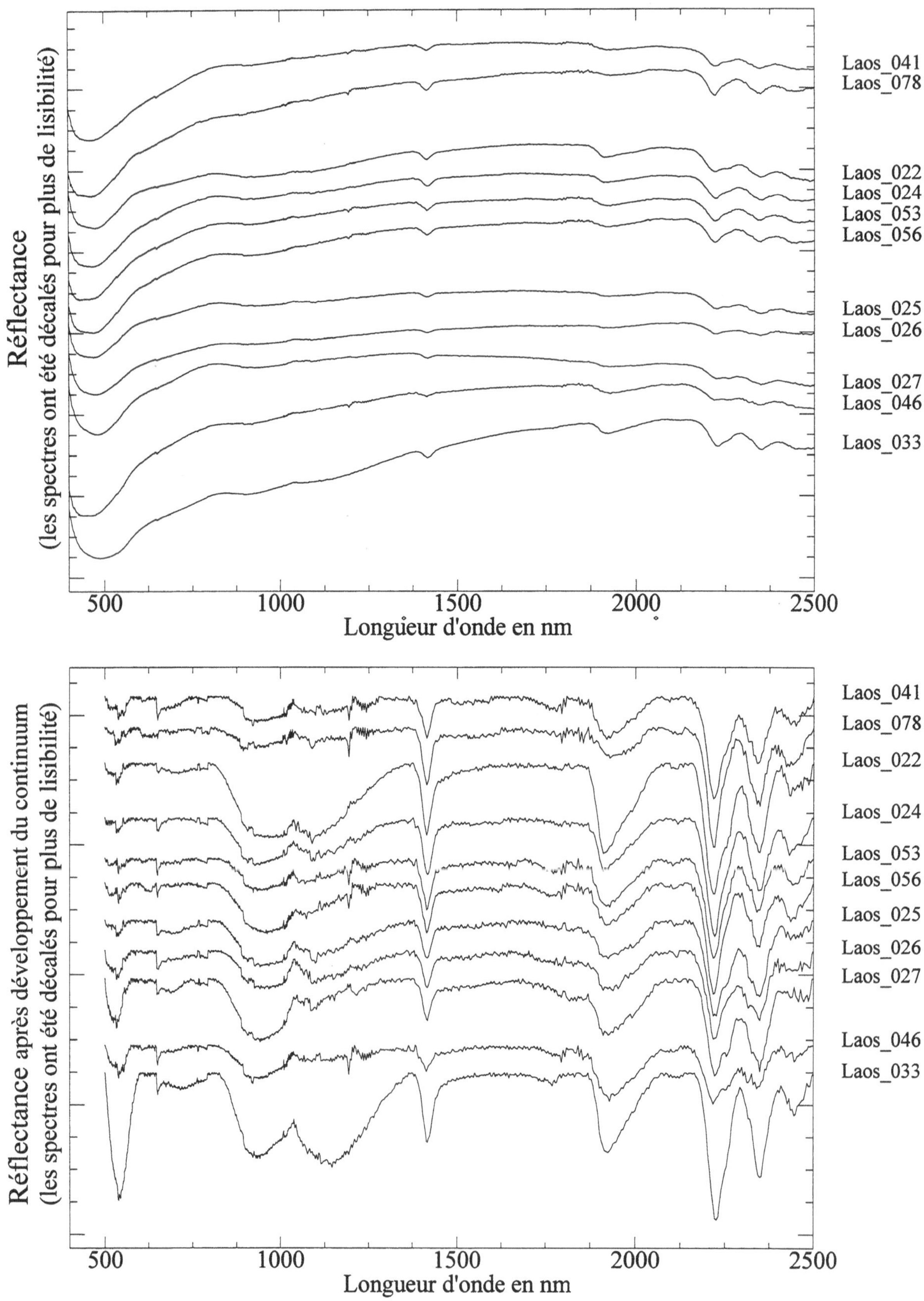

Figures 2a et 2b : Spectres de divers objets archéologiques d'origine laotienne appartenant à un même groupe spectroradiométrique

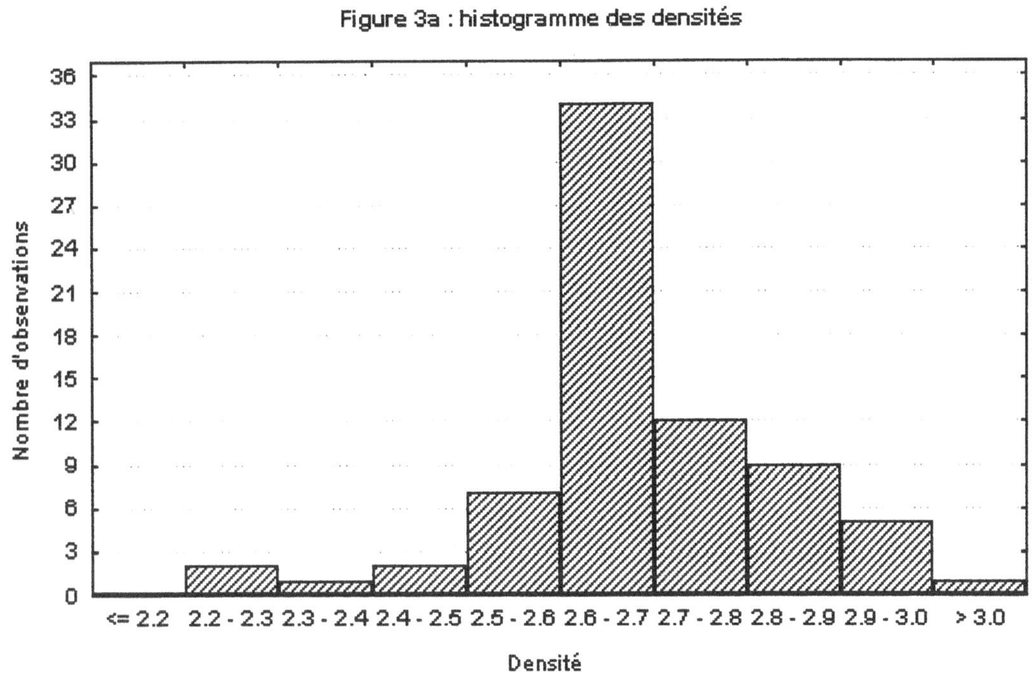

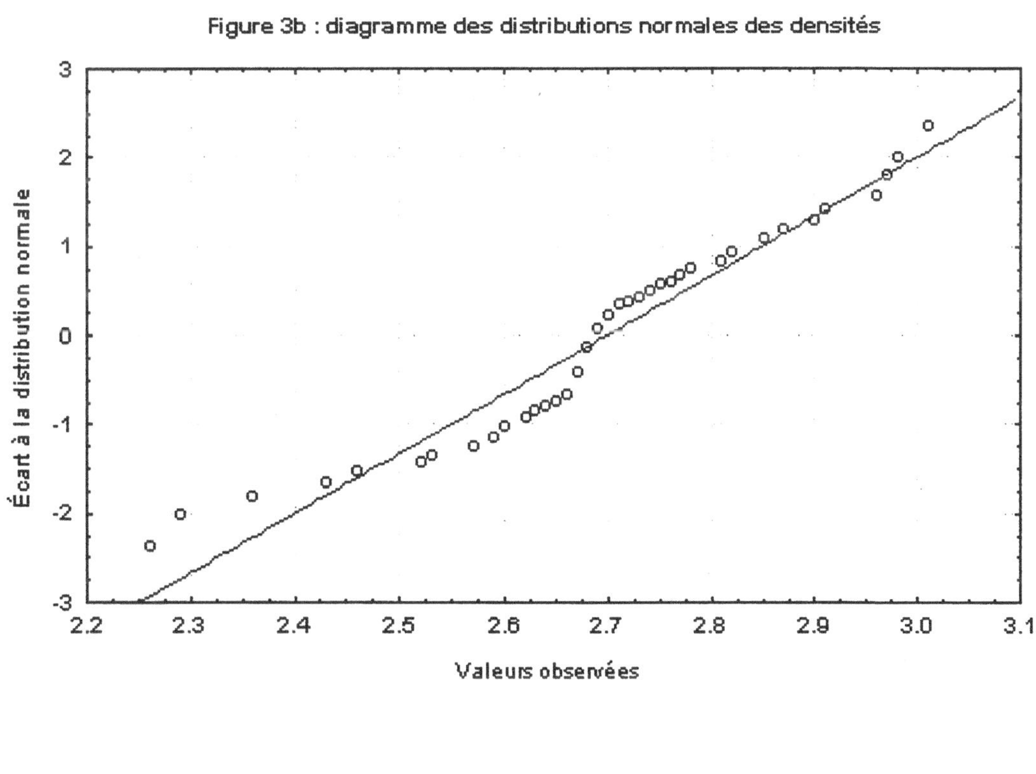

Figures 3a et 3b : Distribution des densités des objets archéologiques d'origine laotienne analysés

En fin de ce premier volume,

mes remerciements vont à tous ceux qui ont contribué à la préparation de l'impression des deux volumes de cette Etude.

Je citerai particulièrement :

Composition informatique
Mlle Ingrid PETIT
Mme Sherry RAYMAEKERS - WOLVEN

Préparation et Correction informatique des photos
Mr Robert GOEDERTIER
Mr Olivier TIELEMANS
Mr Loïc van OLDENEEL tot OLDENZEEL

Graphisme
Mme Joëlle van OUTRYVE d'YDEWALLE de DIEST - de MEURICHY

Paul RAYMAEKERS

Pour en savoir plus,

le lecteur peut s'adresser au Président du "Bureau d'Etudes pour un Développement Harmonisé" (B. E. D. H.), aux coordonnées suivantes :

B. E. D. H. (asbl)

- " Nsi - Moona "
  Avenue des Chênes, 23
  B – 1640 – Rhode St Genèse. Belgium.

- Téléphone : (00) 32. 2. 358. 55. 40

- Fax : (00) 32. 2. 358. 36. 80

Milton Keynes UK
Ingram Content Group UK Ltd.
UKHW050005110124
435804UK00006B/46

9 781841 712611